SHODENSHA
SHINSHO

ぼくのかんがえた「さいきょう」の中学受験

――最強と最凶の分かれ道

矢野耕平

祥伝社新書

親がこれまで勉強を忌避してきたのに、
わが子の中学受験でその「苦役」を
どうして押し付けようとするのでしょうか。

わが子の中学受験に映し出されるのは、「親の姿」。

あなたはわが子の中学受験を通じて、
「最強」の親になれますか？
あるいは、「最凶」の親に堕《だ》するのですか？

目次——ぼくのかんがえた「さいきょう」の中学受験

第二章　わが子の世界を広げる受験勉強

第三章　塾が成績を上げられない理由

第四章 氾濫する受験情報

第五章 中高一貫校の特徴とその魅力

第六章　中学受験での親子の関わり

第七章　中学受験のお悩みQ&A

本文ＤＴＰ　アルファヴィル・デザイン

序章

中学受験の「理想」を掲げよう

「ブーム化」する中学受験

わたしは過熱化する中学受験の世界を冷ましたいと考えて、筆を執りました。

昨今は首都圏（一都三県）を中心に中学受験が活況を呈しています。「少子化」が叫ばれる日本ではありますが、首都圏、とりわけ「教育熱の高い」とされる都心部の児童数は増加傾向にあるという歪《いびつ》な構造になっているのもその理由のひとつでしょう。

一〇年ほど前は、首都圏の中学受験生総数は、同エリアの私立中学募集定員をはるかに下回っていて、定員割れ（入学者数が募集定員に満たない状況）を引き起こす学校が何校もありました。つまり、「高望み」をしなければ、どのような学力レベルの中学受験生であっても、どこかの学校には合格、進学できたということです。

しかし、二〇一五年度に「底をついた」中学受験者総数はその後年々伸び続けていて、二〇二〇年度には私立中学募集定員を上回る中学受験生総数に転じ、いまや中学受験生たちは私立中学校サイドから文字通り「選抜される」ようになっています。実際に、首都圏の中学受験生たちの中で第一志望校に合格できるのは、男子「約四人に一人」、女子「約三人に一人」とされています。空前の「中学受験ブーム」が到来しているのですね。

さて、何かが「ブーム」になれば、巷《ちまた》ではそれを話題にするようになります。

中学受験の世界もその例外ではありません。

わたしが塾講師として中学受験の科目指導を始めて今年で三〇年目を迎えますが、こんなに世間から中学受験が注目される日がくるとは思いもしませんでした。

わたしのもとに教育雑誌や新聞から中学受験についての取材依頼が、オンラインメディアからは寄稿の依頼が、この数年多く寄せられるようになりました。簡単に言えば、中学受験がメディアにとって「バズるコンテンツ」になったのでしょう。

以前は中学受験に関する書籍といえば、「保護者対象のハウ・ツー本」や「参考書・問題集」ばかりでしたが、近年はそれだけではなく、中学受験を題材にしたマンガや小説が数多く刊行され、中にはテレビドラマ化された作品だってあります。

個人的には「明日の米櫃《こめびつ》」を考えれば、この中学受験ブームは喜ばしいことかもしれません。事実、わたしの経営する中学受験専門塾スタジオキャンパス（自由が丘校・三田校）は年々生徒数が増加、一八年目を迎える今年度は過去最大の生徒数を抱えています。

しかし、わたしは中学受験の過熱化に伴う諸々の問題に懸念を抱くようになったのです。この点について後述していきましょう。

中学受験は一家言持ちやすい世界

わたしは中学受験専門塾を経営し、中学受験生たちの国語や社会の科目指導をおこなう傍《かたわ》ら、中学受験や中高一貫校、国語教育などをテーマにした書籍やオンライン記事を執筆しています。

二〇二一年一〇月一五日、わたしは「アエラドット」（朝日新聞出版）という媒体で、「親子『二人三脚』の中学受験にひそむ落とし穴　中学入学後に伸びる子、苦しむ子の違いとは」というタイトルの記事を公開しました。

親の力を頼らず、わたしの塾の自習室をずっと活用して受験勉強に専心していた男の子の話です。彼は俗にいうトップレベルの学校に合格しただけでなく、中学入学後の成績伸長が目覚ましかったのです。さまざまな中高教員が証言するように、「親子二人三脚」で受験勉強を乗り切ってきたタイプの子よりも、中学受験勉強の際に「自学自習」の姿勢を身に付けた子のほうが学力をさらに高めていく可能性が高いのではないか……。

簡約すると、そういう内容の記事です。

すると、アエラドットが当時設けていた掲示板（現在は閉鎖）にこのようなコメントが書き込まれたのです。

「『見ているだけでこんなに良い子に育った』って素晴らしいですね～。世の中そんなできた人間ばかりじゃないんです。子どもの丸付けまでする親が悪いんですか？　気持ちい言葉を並べて偉そうに。子育てビジネスで詐欺《さぎ》まがいの本を出して金儲けしている人の言葉は重いですね（笑）。屋根の数だけ人間模様があり、あなたの薄い経験則でものを語れるほど子育ては甘くないんですよ！」

内容から察するに、わが子の学習管理に大変な思いをされた保護者でしょうか。

「子育てビジネスで詐欺まがいの本を出して金儲けしている」はわたしに対する誹謗《ひぼう》中傷に相当するのでしょうが、それ以外の文面を「柔らかく」要約すると次のようになります。

「あなたは親が離れて見守るだけで、学力をぐんぐんと伸ばす中学受験生の話を紹介していますが、そんなにできた子どもたちばかりではありません。ご家庭にはそれぞれの事情があり、みんな必死に子どもたちと向き合っているのです。あなたの目にした限られた成功事例を一般化してほしくないのです」

このように丁寧に書き直してみると、このコメントを寄せた方にも一理あるように感じられます。しかし、そこには所詮《しょせん》「一理」しかないのです。

わたしは平生X（旧Twitter）のアカウント（@campus_yano）で中学受験に関するさまざ

まな呟きをしています（中学受験とは無縁の下らない呟きも多いですが）。このXには中学受験生の保護者がわが子の塾の様子や成績、志望校などを発信するいわゆる「中学受験アカウント」に溢れています。たとえば、Xの「スペース」（音声ライブ配信機能）を使って、中学受験情報などを同業者たちと配信した際には、多いときには一〇〇〇を超える「中学受験アカウント」が集まり、それを聴取しているくらいです。中学受験の盛り上がりというのはこういうところからも感じられます。

話が少し逸《そ》れてしまいましたが、わたしのXの発信でもこれらの「中学受験アカウント」から反対意見、批判が寄せられることがたまにあります。

「あなたの話はわたしの娘には当てはまらないので、嘘を吐《つ》かないでほしい」

「あなたが語っていることは中学受験業者特有のポジショントークだから、子育てをしている親には響かない」

そういえば、わたしの執筆した記事がヤフーニュースに転載されるたびに、その記事内容に対してさまざまなコメントが書き込まれます（いわゆる「ヤフコメ」というもの）。そこにはかなり辛辣《しんらつ》、乱暴なことばが多々見られます。

わたしは中学受験の世界に携《たずさ》わって今年で三〇年目を迎えます。大手塾にも過去一三年間所属していたこともあり、いままで指導してきた子どもたち、やり取りをしてきたご家庭は相当な数に上ります。また、わたしはさまざまな書籍、記事を執筆する上で、教育関係者や中高一貫校への取材を数多くこなしていて、中学受験の裏表について同業者の中でも把握している部類に入るでしょう。

そのような実体験を積んできたにもかかわらず、「あなたの言うことは間違っている」といったことばを中学受験生の保護者たちから頻繁《ひんぱん》に浴びせられるのです。もちろん、ひとつはわたしの至らなさに起因するのでしょうが、どうもそれだけではないようです。わたしが一目置いている同業者の方々も同じような目に遭っているのです。

これは一体どういうことでしょうか。

中学受験生の保護者の大半はかつて自身が中学受験や高校受験の「受験生」としての経験を有していて、科目学習に当時専心してきたはずです。また、どのご家庭も不安を抱きつつ、独自のプライドや信念のもと子育てをしているという自負があるのでしょう。

言い換えれば、中学受験は、大人の誰しもが「一家言」を持ちやすい世界なのです。

そして、昨今の中学受験の風潮として、「保護者がわが子の勉強面にタッチする」事例を見聞きするようになりました。つまり、保護者が「塾講師」、家庭が「中学受験塾」の役割を果たすケースが見られるのです。中学受験について違和感を覚える発言をＳＮＳや記事で目にしたときに、保護者がそれらに異論・反論をぶつけたくなる土壌が出来上がっているのです。

「第一志望校に合格するぞ」と叫べなくなった理由

冒頭で日本は「少子化」であるにもかかわらず、首都圏の中学受験者数が増えているのは「歪な構造」であると申し上げました。

わたしがいま言及した「家庭の『進学塾化』」「親の『塾講師化』」というのもよく考えれば「歪な構造」のひとつでしょう。なぜなら、そういうご家庭、保護者のもとで中学受験勉強に打ち込んでいる子どもたちの大半は、普段から特定の進学塾に通い、そこで各科目の指導を塾講師から受けているからです。

わたしは中学受験生の保護者を対象にした講演会でこんな話をよくします。

「首都圏の中学入試は受験者総数が増加していることを踏まえると、年々激化しているといえます。第一志望校に合格できる子より、そうではない結果を突き付けられる子のほうが多い世界です。そうとはいえ、保護者の皆さんがわが子の成績を客観視して、中学入試で受験する学校のレベルを『挑戦校』『実力相応校』『安全校』と三つに区分し、それらを戦略的に、バランスよく配して『受験パターン』を構築できれば、どこからも合格切符を貰《もら》えない、つまり『全敗』という憂き目に遭うことは滅多《めった》にありません。中学受験は子どもたちに膨大な範囲の学習を課します。そのため、子どもたちは遊んだり、趣味に没頭したり、習い事に熱中したり……そんなかけがえのない時間を犠牲にしています。ですから、中学受験である特定のレベル以下の学校だったら、公立中学校に進学してまた高校入試でリベンジすればよいではないか。そういうお考えの保護者がいるならば、ここで立ち止まってほしいのです。ここまで受験勉強に一生懸命取り組んだ子どもたちを再び受験勉強に間髪を入れず専心させるつもりですか？　第二志望校だって第三志望校だってよいのではないでしょうか。中学受験勉強をわが子が貫徹するのなら、中高一貫校に進学させて、子どもたちに高校入試という『障壁』を取り除いてやってください」

わたしは塾講師です。本来の塾講師の役割は「子どもたち一人ひとりの第一志望校合格に向けて伴走する」ことにあります。皆さんも「進学塾」ということばを聞いて、「絶対、第一志望校に合格するぞ！」とハチマキを巻いた熱血講師が絶叫するシーンを連想する人がいるのではないでしょうか。かくいうわたしも大手塾に属していた昔はこの手のフレーズを受験生たちの眼前で叫んでいたものです。

しかしながら、近年は少し「トーンダウン」した話を保護者に向けてするように変わったのです。聞けば、ほかの中学受験塾でも同じような話をする傾向にあるようです。「家庭の『進学塾化』」「親の『塾講師化』」に警鐘を鳴らしているのです。

家庭の「進学塾化」、親の「塾講師化」

この「家庭の『進学塾化』」「親の『塾講師化』」は、近年の中学受験ブームとともに増加の一途を辿っているようにわたしには感じられます。

「偏差値○○以下の学校には行く価値がない」とか、「第一志望校以外の進学はいま考えない」とか、昔の中学受験塾が受験生たちを鼓舞するために掲げるような文句をいまは中学受験生の保護者が口にしてしまっているケースを見るようになりました。

冒頭で言及しましたが、中学受験が「バズりやすいコンテンツ」と化した昨今、メディアやSNSなどをはじめとして中学受験に関する情報が大氾濫《はんらん》しています。特にSNSでわが子の中学受験体験を発信する保護者の情報の多くは「上手くいかなかった話」ではなく、「上手くいった話」です。

「親がこんな働きかけをおこなったら、苦手科目が克服できた」

「○○という問題集を入試直前期にこなしたら、成績が爆上がりして第一志望校に合格できた」

「○○塾で○○コースという志望校別クラスを受講したら、わが子のモチベーションが一気に上がって、成績的に全然手が届かなかったはずの熱望校の合格を射止めた」

「○○塾の○○という教材はやるだけ時間の無駄である。手をつけるなら、市販の○○という問題集が絶対によい。うちの子はこれで偏差値が五ポイント上昇した」

ほんの一例ではありますが、SNSでは「わが子の中学受験経験者」である保護者のこんな成功譚《たん》に溢れているのです。

第一志望校に合格できる子のほうが少ない中学入試なのに、どうしてでしょうか。

話は単純です。そもそもわが子の中学受験が「上手くいかなかった」と感じてしまっている保護者はSNSの場であれ、同じ小学校の保護者ネットワークの中であれ、口を噤《つぐ》むからです。

その結果、中学受験にまつわるあれやこれやの風説は「イケイケ」の性質を帯びたものばかりになるのです。

加えて、いまの中学受験生の保護者の中には自身も中学受験経験者である方も増えてきました。自身が中学受験をしてよかった、良い結果になったと振り返られる保護者ほど、わが子に同じ道を勧めるのは当たり前です。その当時の自身の「成功譚」がわが子にも適用できるという考えが「イケイケ」の風潮を加速させているのかもしれません。

だからこそ、子どもたちに対して「第一志望校合格」という目標を焚きつけようとあの手この手をかつて繰り出してきた中学受験塾も、保護者に対して中学受験に入れ込み過ぎないように、熱くなり過ぎないように諭《さと》すように変わってきたのです。

「家庭の『進学塾化』」「親の『塾講師化』」は、保護者の価値観に留まらず、その字義通り、親が子の中学受験勉強に付き添うようなケースを生み出すようになりました。

このような家庭を「親塾」と形容することがあるそうですが、ここにきてなぜ「親塾」が増えているのでしょうか。わたしは大きく三つの理由があると睨《にら》んでいます。

ひとつは、コロナ禍によるリモートワークの普及が挙げられます。コロナ禍が比較的落ち着いた現在であっても、オフィスには最小限の時間しか顔を出さず、自宅でリモートワークをおこなうスタイルが常態化した企業がかなりあるようです。わが子と自宅で顔を合わせる機会が増えたのですね。こういう事情から、わが子の中学受験に向けた家庭学習の様子を目の当たりにして、その内容が気になってしまったのでしょう。

二つ目は、先ほど挙げた中学受験情報の氾濫です。わが子の中学受験勉強に親がぴったりと付き添うことで、入試を「成功」させたと自称する「先輩パパ」や「先輩ママ」の発信に影響を受け、わが子の中学受験結果を良きものとするために、先達のアドバイスを参考にして「親塾」を開くようなケースがあるのかもしれません。

三つ目は、塾の指導システムに由《よ》るものです。中学受験塾はそれぞれ独自の指導体制を敷いています。たとえば、塾の中に子どもたちを囲い込み、授業外の時間であっても自習室などを活用して勉強する環境を整えているところもあれば、正反対に、「ご家庭のサポート」を前提に、提供するのは授業と教材のみと割り切るような塾も存在します。後者のタイプの塾にわが子が通えば、塾の学習の予習面や復習面がどうしても家の中に大量に持ち込まれてしまう……毎日親が何らかの働きかけをわが子にしなければその塾のカリキュラムについていけない……そんな事情で「親塾」が始まったのでしょう。

東京都文京区《ぶんきょうく》小石川《こいしかわ》を拠点にする「啓明館東京《けいめいかん》」で塾長を務める本田直人《ほんだなおと》先生はこの風潮を危ぶんでいます。

「わたしは三五年前から中学受験指導に従事していますが、昔から親が子を教えたがる事例は変わらずありました。しかし、この七～八年くらいでしょうか、親の中には中学受験にどっぷりと浸《つ》かってしまっている人が見られます。そして、わが子の成績が親の評価につながると思い込んでしまっている方が多くなったと感じています」

関西発祥の大手塾で、いまは東京にも進出し、幾つもの校舎を構える「希《のぞみ》学園首都圏」で学園長を務める山崎信之亮《やまさきしんのすけ》先生はこの弁に同調します。

「たとえば、大企業の社宅で、父親の職階によってそこに住む母親たちのヒエラルキーが決まる……。それに近い感覚がわが子の中学受験に携わる保護者に持ち込まれてしまっているのではないかと危惧しています。成績が良い子の親がそうでない子の親にマウントを取るとか……。そうなると、『あなたの成績が悪いからお母さんとお父さんは恥ずかしい思いをしなければならないのよ』なんて親が無理やりわが子を指導しようとして、わが子の自己肯定感を根こそぎ刈り取ってしまうなんてこともあります。これは大変に罪深い行為でしょう」

大きなリスクをはらむ「親塾」

連日、親がわが子の学習スケジュールを綿密に構築した上で、塾で扱う単元の予習・復習に付き添い、ときには科目的なアドバイスや丸付けや直しをしてやる……。これが功を奏してわが子が学力的に伸長したという例はもちろんあるでしょう。しかし、この「親塾」で失敗した事例のほうが断然耳に入ってくるのです。どうしてでしょうか。

わたしは中学受験指導に従事して三〇年ほど経ちますが、わたしがこの仕事を飽きもせず続けてこられたのは、「指導対象の子どもたちが毎年入れ替わる」ということと「指導するのは他人の子どもたちである」という側面が大きいでしょう。

わたしには中学受験を経験した中高一貫の女子校に通う高校生の娘と、いままさに中学受験本番を迎える小学校六年生の息子がいますが、わが子に対して科目指導をする自信はまったくありません。こんなことを口にすると頼りない人間のように思われるかもしれませんが、「よそ様の子どもたち」と「わが子」に対するスタンスはどうしても変わってしまうのです。

もし、わたしがわが子の勉強を付きっきりで見たら、たとえば文章内容をよく把握できていなかったり、設問の条件を読み飛ばしていたり……そんな課題を見出した途端、「何でそんなことも分からないんだ」と激高するでしょう。そして、父親の注意に対して、わが子は気分を損《そこ》ね、いじけ、その場の雰囲気が悪くなることは容易に想像できます。親子の距離感の近さが「教える側」「教わる側」双方の障壁になるのです。

ですから、「親塾」が上手く機能しない場合が一般的であるのは当然の帰結です。

この文章を読んでいる保護者の皆さんは胸に手を当てて、わが子との平生のやり取りを思い起こしてほしいのです。ちょっと声を荒らげて注意すると、「そんなの分かってる！」「知っているし！」などと反抗的な態度を取られたことはありませんか。思い当たる節がおありの方は「親塾」を成功させるのは至難の業でしょう。

そして、「親塾」がたとえ上手くいったとしても、留意すべき点があります。

わたしは仕事柄、私立中高一貫校の教員と話す機会が度々あるのですが、彼ら彼女たちは次のようなことを異口同音に言うのです。

「中学校に入学した直後は、みんな同じ試験をパスしたわけなので、学力的にそんなに大きな差は生じていません。しかし、中学校一年生の夏明けには学力をぐんと伸ばせる子と、学力面で伸び悩む子に分かれてしまいます。それって入学以前、中学受験をどういう姿勢でその子が乗り切ってきたかが大きな鍵を握っているのです」

そういえば、駒場東邦（東京都世田谷《せたがや》区／男子校）の教頭がわたしの塾で講演会を開いた際にこんなことを口にしました。

「お子さんの中学受験勉強にぴったり付き添っている保護者の方はいらっしゃいますか。もしそうするのであれば、大学受験までそのスタンスを貫く覚悟はあるでしょうか?」

両者の言に一脈通じていることがお分かりになったのではありませんか。

そうです。親に受験勉強の面倒を見てもらっている子ほど、中学校に入ったあとに学習面で苦労するケースが多いのですね。

「親塾」の到達点は「志望校合格」にあります。「親塾」が上手くいき、わが子が第一志望校に合格したとしたら、「ああ、よかった」と親は胸をなでおろして、すぐに手を離してしまうでしょう。しかし、わが子の勉強はこの先も変わらず続くのです。これまで、勉強をするときには隣にいた親が突如姿を消してしまったら、さらに難解な内容になる中学校の勉強を自力でどのように進めていけばよいか子どもは困惑してしまうのです。

「理想の中学受験像」を掲げよう

さて、話を戻します。

中学受験ブームの到来とともに、中学受験指導を生業にしているプロ講師の発言に対して、保護者たちが異論・反論を唱えることが多く見られると申し上げました。

だからでしょうか。昨今は「歯に衣着せぬ中学受験論」を見かけることが少なくなってきたように感じられます。同業者たちの歯切れが悪いように思えてならないのです。無論、中学受験生やそのご家庭にはそれぞれの環境や事情があるわけですから、わたしたち塾講師が「あるべき中学受験像」について何か発言をしたとしても、その例外に相当する子どもたちや保護者は大勢います。これは間違いありません。しかし、万人をカバーするような「中学受験論」を唱えようとしたら、抽象的な内容に終始することでしょう。

本書のタイトルは『ぼくのかんがえた「さいきょう」の中学受験——最強と最凶の分かれ道』です。主語は「ぼく」、つまり、わたくし矢野のことです。「さいきょう」と平仮名表記しているのは、親子が中学受験に臨《のぞ》むさまざまな段階における「最強」と「最凶」の両面について持論を開陳したいと考えたためです。

本書を読みながら、保護者の皆さんはこのようなことを思うかもしれません。

「そんな綺麗事ばかり言っていて不愉快だ。子育ての現実は単純なものではない」

「わが家のスタンスと相容《あいい》れないし、この人の言うことは一面的かもしれない」

「あなたの提唱するやり方とわが家は真逆のスタンスを貫いているけれど、わが子の中学受験勉強は上手くいっているぞ」

そんなご感想を抱くかもしれませんが、本書ではそれらの異論・反論は「すべて無視」します。そういう意味ではかなり傲慢かもしれません。

中学受験指導に従事して三〇年ばかり生きてきたわたしは、この世界の「清濁」をたっぷり見てきているつもりですし、その経験から「あるべき中学受験」とは何かという「理想像」を語ろうと考えています。

中学受験生の数がどんどん増えていて、激戦の繰り広げられているいまだからこそ、「理想」の旗を立てて示してみせることは一定の意義があるのではないかと確信しています。

それでは、本書『ぼくのかんがえた「さいきょう」の中学受験』の構成を説明します。

第一章　中学受験を始める上で考えること

わが子は中学受験の世界に足を踏み入れるべきか否か。中学受験勉強のスタート時点で保護者が確固たるスタンスを持って臨まないと、のちのち面倒な事態を引き起こしてしまう危険性があります。「最凶の中学受験スタート」と「最強の中学受験スタート」についてわたしのこれまでの経験を踏まえて語ります。これから中学受験に臨もうとお考えのご家庭はもちろん、わが子が小学校高学年生ですでに長く塾通いしているご家庭であっても、その方針を軌道修正できるヒントになるでしょう。

第二章　わが子の世界を広げる受験勉強

中学受験生の大半は「国語」「算数」「理科」「社会」の四教科の学習に取り組みます。中学入試問題は大人が挑んだとしてもなかなか手強いものばかりです。中学受験勉強を始める以前に何か特別にやっておくことはあるのか、中学受験塾のカリキュラムはどのようになっているのか、あるいは、各科目の大切な学習ポイントやそれぞれの科目につまずきやすいタイミングはいつ頃到来するのか……。科目学習について皆さんが不安や疑問を持ちやすい点について、なるべく簡潔に説明します。

第三章　塾が成績を上げられない理由

わが子の中学受験勉強に不可欠な存在、それが「進学塾」です。首都圏には数えきれないくらいたくさんの中学受験塾が林立し、わが子はどの塾が良いのかお悩みの保護者もいることでしょう。塾の選択について親子の気をつけるポイントなどを明記したいと考えています。また、章タイトルにもあるように、塾は決してわが子の成績を上げることはできないのです。この点、意外に感じられるかもしれませんが、本章に目を通すことで、わたしの言わんとすることを理解してくれるでしょう。

第四章　氾濫する受験情報

中学受験ブームに伴い、受験情報が大氾濫しています。それらは「玉石混淆《ぎょくせきこんこう》」ですが、わたしから見れば残念なことに「玉」より「石」が圧倒的に目立っているように感じます。中学受験情報の「強者」となるのか、「弱者」となってしまうかで、ご家庭の中学受験の成否が左右されると考えています。

第五章　中高一貫校の特徴とその魅力

わが子はどういう学校を第一志望校にするのか、また、併願校はどういう学校を選べばよいのか……。時代とともに学校は入口の難易度だけでなく、その中身が変容するものです。それらを紹介するとともに、わが子に適した学校の見極めなどを語っていきます。

第六章　中学受験での親子の関わり

わたしはこの三〇年間、何百、いや何千というご家庭の中学受験模様を見てきました。よく「中学受験は親子の受験」という言われ方をしますが、わたしは半分正しく、半分間違っていると考えています。わが子の中学受験で保護者はどういう存在、立ち位置であるべきなのか、具体的な事例を取り上げながら説明します。

第七章　中学受験のお悩みQ&A

わが子の中学受験を見守る保護者の悩みは尽きぬもの。学力面のことだけでなく、志望校のこと、中学受験を巡っての夫婦の軋轢《あつれき》、塾でのトラブル……。いろいろな角度から保護者のお悩みを想定し、Q&Aの形式でわたしが回答します。

終章　ぼくのかんがえた「最強」の中学受験

終章ではわたしの考える中学受験、わたしの考える教育について語っていきます。中学受験はその活用次第でわが子にとって「かけがえのない成長の機会」になる一方、「決して振り返りたくない黒歴史」に転じる危険性をはらんでいます。わが子が幸せになれる

「最強」の中学受験はどういうものかを一緒に考えていきましょう。

特別座談会　わたしたちのかんがえた「最強」の中学受験

本書の特別企画として、中学受験塾の同業者、そして、中高一貫校の関係者が一堂に会す座談会をわたしがモデレーターになっておこないました。参加メンバーは、聖光学院中学校高等学校校長の工藤《くどう》誠一《せいいち》先生、鷗友《おうゆう》学園女子中学高等学校校長の大井《おおい》正智《まさとし》先生、早稲田アカデミー代表取締役社長・山本《やまもと》豊《ゆたか》先生です。

塾も学校もそれぞれ独自性を有しています。この四名の考える「あるべき中学受験像」に共通点は果たしてあるのでしょうか。

それでは、本書『ぼくのかんがえた「さいきょう」の中学受験――最強と最凶の分かれ道』、始めていきましょう。

第一章

中学受験を始める上で考えること

中学受験は「特殊」な世界

わが子に中学受験をさせるべきか否《いな》か。

両親ともに中学受験経験者であり、わが子がお腹にいるころから中学受験の道を歩むことは決めていたという保護者以外、本書を手に取るような保護者はこの問いについて考えるタイミングが訪れます（あるいは、すでに訪れたはずです）。

わが子に中学受験をさせるメリットとデメリットについてどうお考えでしょうか。また、わが子に中学受験をさせることを決めたその動機はどういうものでしょうか。

もちろん、ご家庭によってその回答は異なるはずです。しかしながら、わたしはこの回答が、わが子のその後の「中学受験」の成否に関わってくると考えています。

中学受験というのは世間的にはかなり「特殊」な世界です。

そう言うと、序章で触れた昨今の「中学受験ブーム」と矛盾しているのではないかとご指摘を受けそうですが、わたしが言いたいのは、「確かに中学受験者総数は増加していて、『ブーム』と形容できるくらいの激戦が繰り広げられているが、全体から見れば中学受験をセレクトする子どもたちは少数派といえる」ということです。

森上教育研究所が公表している数値的なデータを見てみましょう（39ページ）。首都圏

（一都三県）で最も入試が集中する二月一日午前の受験者数を「首都圏の私立中学受験者総数」の近似値と考えて、その数値の推移を軸にして作られたものです。

序章でも言及しましたが、二〇一五年度以降、私立中高一貫校の受験を志す子どもたちの数は増加の一途を辿っていることが分かります。ちなみに、二〇一五年度は二〇〇八年度以降八年連続で減少を続けていた中学受験者総数が底をついたときでもありました。このときの減少の理由はリーマン・ショックによる不景気の煽《あお》りを受けたことが主たる理由ではないかとされています。

注目すべきは二〇二〇年度です。

首都圏の中学受験者総数が同エリアの私立中高一貫校の募集定員総数を上回ったのです。首都圏の中学入試が激戦と化していることを象徴するデータです。

そして、もう一点注目してほしい数値データは、首都圏の小学校六年生在籍者総数を二月一日午前受験者総数で割った「受験比率」です。中学受験が過熱しているとはいえ、二〇二三年度の受験比率は約一五％です。首都圏在住の小学生のうち、私立中高一貫校の受験を志すのは「六～七人に一人」に過ぎないのです。約八五％の子どもたちは中学受験とは無縁で、地元の公立中学校に進学して、その大半は高校受験を選択しています。

中学受験が「特殊」な世界と申し上げたその理路が分かるのではないでしょうか。

この数値が信じられないという保護者がいるかもしれません。「うちの子の通う小学校では七〜八割が中学受験すると聞いているぞ」などと口にするかもしれません。

ここ最近の中学受験熱は都心部に集中する傾向にあります。聞けば、埼玉県、千葉県、あるいは、横浜《よこはま》以西の神奈川県では中学受験を目指す子どもたちの数が減少傾向にあるとのこと。お住まいのエリアによってその「温度」に大きな差が生じているのですね。

わたしは中学受験の特殊性を踏まえて中学受験の道へ舵《かじ》を切ることはとても大切だと考えています。そうしないと、「最凶の動機」に基づいてわが子の中学受験スタートを切ってしまうことにもなりかねません。

「最凶の動機」と口にしましたが、たとえばどのようなものが想定できるのでしょうか。このあとはそれらについて紹介していきましょう。

公立中学校否定の中学受験

周囲の噂話を耳にしていると、地元の公立中学校に通う子どもたちの質はどうやら低いらしい。それならば、わが子は公立中学校への進学を回避するためにも中学受験の道を選

首都圏の2月1日午前の私立中学受験者の推移、募集定員、受験比率

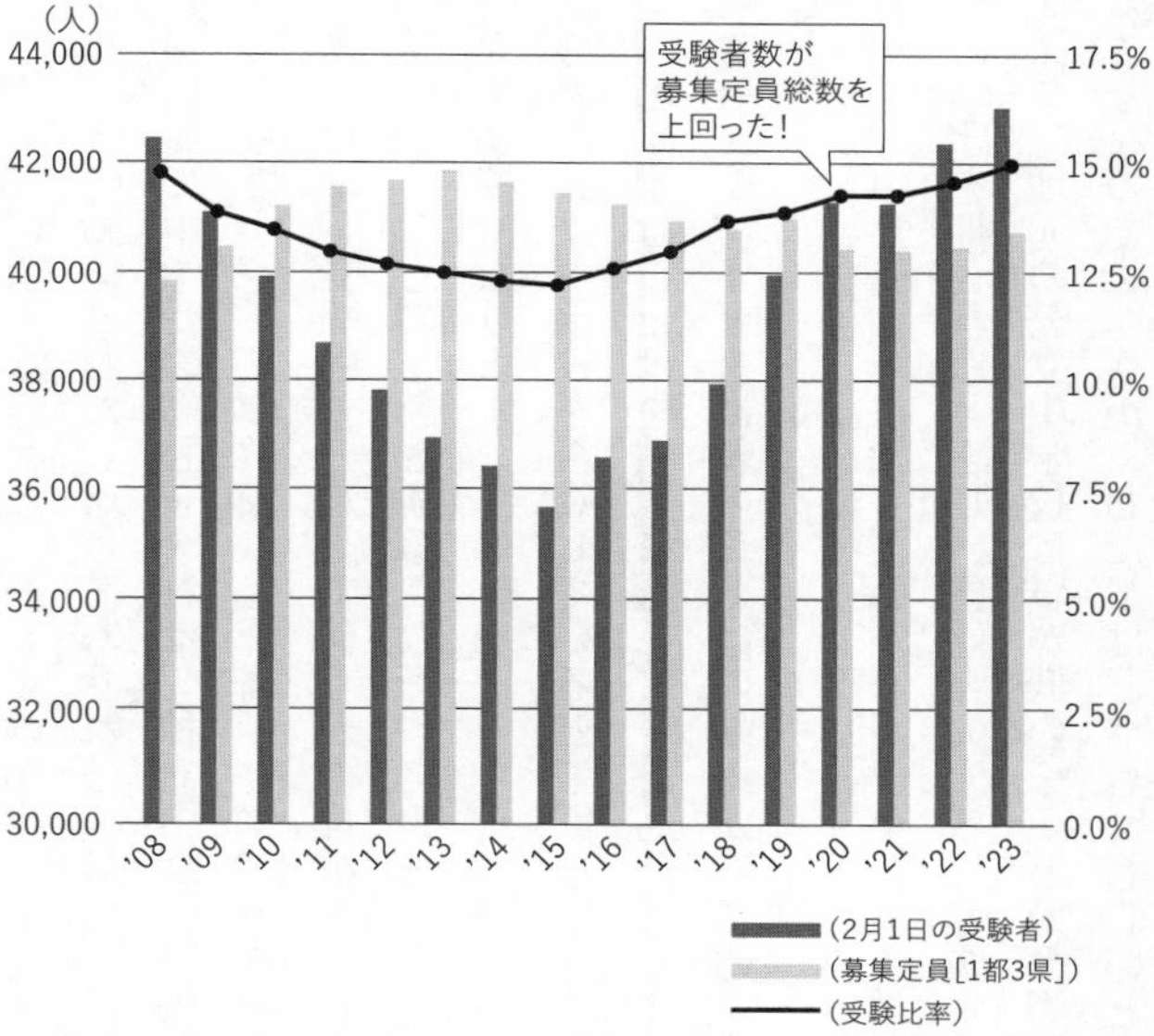

年度	2月1日（午前）受験者数	募集定員総数（1都3県）	受験比率
2014年度	36,416名	41,642名	12.3%
2015年度	35,655名	41,462名	12.2%
2016年度	36,585名	41,254名	12.6%
2017年度	36,893名	40,950名	13.0%
2018年度	37,931名	40,788名	13.7%
2019年度	39,883名	41,002名	13.9%
2020年度	41,288名	40,440名	14.3%
2021年度	41,268名	40,412名	14.3%
2022年度	41,912名	40,472名	14.6%
2023年度	**43,019名**	**40,768名**	**15.0%**

出典：森上教育研究所

ぼう……。このような考えで、わが子の中学受験をスタートさせる保護者は大勢います。しかし、その動機はわたしから言わせれば「最凶」の類《たぐい》と言わざるを得ません。

塾通いして中学受験勉強をすれば、私立中高一貫校の合格切符が確約されているわけではないからです。どこの学校にも合格できず、公立中学校に進学する子だっているでしょう。あるいは、受験勉強の途上で何らかの挫折を味わったり、トラブルに見舞われたりして中学受験そのものを断念することだって十分に考えられます。その場合、進学先は地元の公立中学校になります。

保護者が公立中学校を否定していると、間違いなくその価値観はわが子に伝染します。いや、わが家はことばを慎重に選んで子どもと接していると声高に主張する方がいるかもしれませんが、子どもは親のことばの端々からその「本心」を嗅《か》ぎ取ります。そういうものです。

万が一、中学受験を目指していたわが子が公立中学校に進学すれば、子が親から「負け組」の烙印《らくいん》を押されたと感じ、自信喪失することが考えられます。

加えて、地元の公立中学校は質が低い……という噂話を先ほど挙げましたが、それは本当のことなのでしょうか。わたしはどうも疑わしいと睨んでいます。

わが子の中学受験に携わる保護者の間でよく話題になることがあります。それは、高校受験は学力上位の子だけでなく、学校の勉強にさえなかなか付いていけない学力下位の子どもたちだって挑みます。教育熱心な家庭に育った中学受験生と比較すると、その「平均値」は中学受験者層のほうが圧倒的に高く、中学受験の世界で偏差値五〇と位置づけられている中高一貫校は高校受験の世界ではトップ校の部類に入る……。

これはウソに近い言説です。確かに、中学受験者層と高校受験者層の平均値を算出したとしたら、中学受験者層の数値のほうが高く出るでしょう。でも、「圧倒的な差」までは生じないのではないでしょうか。これが中学受験者数も学校数もまだ少ない二〇年前、三〇年前ならそう言い切れたのかもしれません。しかし、近年の中学受験ブームを目の当《ま》たりにすると、公立中学校から高校受験に挑む「下位層」に相当する学力の子でさえ、中学受験の道を選択する事例だってあります。中学受験という選択はご家庭の「教育熱」の高低に関わる面もありますが、先述したとおり、どのエリアに在住しているかで受験率が大きく変わる傾向にあると感じているからです。

一方、公立中学校礼賛《らいさん》派の保護者からこういう声が聞かれることがあります。

「比較的裕福なご家庭の子どもたちが集まる私立中高一貫校には『多様性』がない。その点、公立中学校だと在籍している子の貧富の格差は大きく、社会の縮図ともいえる。このような環境下で学んだほうがわが子の視野は広がるのではないか」

一見、ごもっともな高説に思えるかもしれませんが、わたしはこのような物言いには違和感を抱いてしまいます。

裕福な家庭の子どもたちが通う私立中高一貫校には「多様性」が欠けるという見立てですが、そんなご家庭の懐《ふところ》事情だけで無くなってしまうほど「多様性」というのは脆弱なものでしょうか。そうは思いません。私立中高一貫校には一人ひとり異なる価値観を持っている子どもたちが集まります。なお、ご家庭に貧富の差が見られる公立中学校は格好の学びの場であるというお考えは失礼極まりないものと感じられます。貧困家庭で育った子はあなたのお子さんにとって「学習材料」なのですか?

周囲に同調した結果の中学受験

先ほど、「中学受験熱」の高低はエリアによって差が生じていると申し上げました。

わたしの塾に問い合わせてくる保護者と面談をしていると、中学受験を考えた動機として、「わが子の友人たちが塾通いを始めて、中学受験を目指し始めたから」といったことをよく聞くようになりました。

でも、わが子が中学受験を志す理由としては不十分でしょう。

確かに周囲が塾通いをしているからわが子も……と塾での学習をスタートし、結果的に科目学習が好きになって中学受験結果も上手くいったという例は枚挙《まいきょ》に暇《いとま》がありません。

しかしながら、中学受験勉強というのは山あり谷ありです。成績が低迷してわが子が何もかも投げ出したいような気持ちになったり、苦手科目がなかなか克服できず、心がポキリと折れそうになったり……。

そんな隘路《あいろ》にはまってしまったときに、その困難を乗り越える原動力になるのは「自分はなぜ中学受験をするのか？」という確固たる理由なのです。周りが中学受験をするからわが家も何となく始めてみようか……その程度の動機だと、中学受験勉強の途上でわが子が踏ん張れず、「脱落」してしまうことだって十分に考えられます。

大学受験のために選んだ中学受験

公立中学校に進んで高校受験をするより、中高一貫校で六年間を過ごしたほうが大学受験で有利に働くだろうとお考えの保護者が多いのではないでしょうか。

「高校受験」に阻《はば》まれず、「先取りカリキュラム」を組み込んでいる中高一貫校のほうが確かに余裕を持って大学受験に向かえそうです。一方、高校受験を選択すれば、中学校三年生の入試期までは、その出題範囲となる「中学校の学習単元」にしか取り組めません。

しかし、中高一貫校進学が「一流大学」の合格を確約するわけではありません。「一流大学」の高校別合格者数の一覧が毎年春に週刊誌などで公開され、中高一貫校の躍進が脚光を浴びることもありますが、わが子がその中に入るかどうかは分かりません。

たとえば、中高一貫のカリキュラムに付いていけず、成績不振のために別の高校への進学をすすめられることもあります。ある年のその中高一貫校の入学者数と六年後の卒業生数を比較するとその事情を窺《うかが》い知ることができます（学校によってこの点は相当な差が認められます）。

また、雑誌などで公表される高校別の大学合格者数の大半は「延べ合格者数」であることにも気をつけましょう。優秀な生徒が一人で何校もの一流大学の合格者数を「稼いで」いることだって容易に考えられるのです。大学の進学実績を「売り」にしているような中高一貫校の中には、成績の良い子が指定校推薦を取ってしまわぬよう、内申点を下げるという「操作」をおこない一般入試へ誘導するという話をしばしば聞きます。その生徒が指定校推薦を取ったら一校しか合格できないのに対し、一般入試を受けるように仕向けたら、一人で何校・何学部もの合格を勝ち取る可能性があるからです。あるいは、生徒の進路希望を無視して、学校側が定めたある学力ラインをクリアしなければ、国立クラスや理系クラスに進学させず、私立大学文系クラスに属させるというケースだってあります。

大学への進学実績で勝負するような中高一貫校はあの手この手で、数値をかさ上げできるように努めているのですね。

その類の学校にわが子が進学したら、内申点操作をされたり、希望する分野への進学を学校側から拒まれたり……そんな事態に巻き込まれてしまうことだってあるのです。

表向きの大学合格実績だけで学校を評価してはいけません。

第一志望だけに目を向けないこと

たとえば、ご両親が同じ中高一貫校に通っていて、わが子もわたしたちと同じ学び舎《や》で過ごしてほしい……。こんなふうに考えてわが子の中学受験をスタートさせるご家庭もあります。あるいは、低学年のときに親子で見学に行った学校に「一目ぼれ」した結果、どうしてもその学校に進学したいがために中学受験を決めたというご家庭もあります。

純然たる動機のように感じられます。しかし、特定の学校だけを目標にすると、「願いが叶わない」事態を勘定に入れるのをつい忘れてしまうことも考えられます。

序章で申し上げましたが、昨今の首都圏の中学入試では激戦が繰り広げられていて、第一志望校合格の切符を手にできるのは男子で「約四人に一人」、女子で「約三人に一人」と言われています。第一志望校に合格できない受験生の占める割合のほうが高いのです。

このような観点で特定の学校だけに目を向けず、幅を持たせた学校選びが中学受験では必要不可欠となるのです。「いや、それだったら中学受験をする意味がない」とおっしゃるのであれば、その通り、中学受験は避けたほうが無難でしょう。

中学受験勉強の意義

それでは、「最強の動機」とはどういうものでしょうか。

首都圏の中学入試で出題される科目は「国語」「算数」「理科」「社会」が「本流」です。近年は英語入試が組み込まれたり、プレゼンや自由作文を入試で課したりするようなタイプの学校がありますが、それらは「本流」と比べればまだ「傍流」です。

機会があれば、保護者は書店などで中学入試の問題を眺めてみてほしいと思います。四教科それぞれ難しいレベルの知識を問われていることがすぐに分かるでしょう。大人が取り組んだとしても、頭を悩ませてしまうようなハイレベル、かつ、広範囲に亘る学習が求められるのです。

中学受験をする子どもたちを見て、「勉強させられて可哀想だなあ」と評する人がいるかもしれません。しかし、「毎日のように中学入試に向けて勉強できていて、子どもたちは何て幸せなのだろう」となぜ思えないのでしょうか。

詳しくは第二章「わが子の世界を広げる受験勉強」で触れますが、中学受験の勉強で膨大な教養や知識を蓄えることができると、子どもたちの眼前の光景は一気に広がりを見せます。たとえば、ニュース番組ひとつ観ても、中学受験勉強の経験のある子とそうでない子とでは、その理解度に大きな差が生まれるのです。

中学受験勉強はわが子がやがて打ち込む学問の「入口」である。保護者がそう確信して中学受験をわが子に勧められるのであれば、素晴らしいことではないでしょうか。

中高一貫校で得られる財産

中学受験勉強の延長上には「合格」、すなわち中高一貫校の「進学」があります。第五章「中高一貫校の特徴とその魅力」に後述しますが、一口に私立中高一貫校といってもさまざまなタイプの学校が首都圏には存在します。

たとえば、少人数のクラス編成で教員と生徒たちの距離がとても近く、細やかな学習アドバイスをしてくれるところもあれば、大人数で構成されているものの、その規模の大きさを活《い》かして、ニッチな分野の部活動があり、子どもたち一人ひとりの趣味趣向を満たしてくれるような学校だってあります。

また、男女別学校、共学校ではそれぞれ異なる雰囲気があり、家庭の希望に応じてそれらを選ぶことも可能です。

わたしが個人的に考える中高一貫校で得られる最大の財産は「友人」です。高校受験をすると中学校三年間、高校三年間と「寸断」されてしまいますが、中高一貫校は六年間同じ学び舎で過ごす分、友人たちとの付き合いは濃厚なものになり（もちろん、その濃厚さゆえに人間関係のトラブルが勃発することだってありますが）、周りの大人たちを観察していると生涯付き合える中高時代の友人がたくさんいるのは、だいたい中高一貫校出身の人間です。加えて、「性差」から解放される六年間を過ごした男子校、女子校の出身者は一層その結びつきが強くなる傾向にあるように感じられます。当たり前ですが、人間はひとりきりで生きていくことは困難です。人生で大きな岐路に出くわすときに、適切なアドバイスをくれるのは利害関係のない中高時代の友人であることだってあるのです。

なお、私立中高一貫校の多くは教員の異動がほとんどありません（意地の悪い見方をすると「学校独自の理解不能なルール」などはこれが原因で生まれるのでしょう）。それゆえ、人生の転機に母校を訪れて恩師に相談する光景が中高一貫校にはよく見られます。

わたしがかつて取材した浦和明《うらわあけ》の星《ほし》女子中学・高等学校（埼玉県さいたま市／女子校）は、卒業生たちが母校に訪れることを「帰星」と呼んでいます。学校側も卒業生たちの母校を慕う思いをよく分かっていて、校舎を建て替えたときには卒業生にさびしい思いをさせないように「旧校舎」の面影を残した新校舎を建設したそうです。

進路変更を想定する大切さ

何度も申し上げますが、わたしは、中学受験は「特殊」な世界であり、「しなければならないもの」とは一切思っていません。

そして、子どもたちの誰もが中学受験から「脱線」する可能性があると考えます。

大半の塾では小学校四年生あたりまでは比較的ゆとりのあるカリキュラムで、授業時間をやや短く設定していますが、五年生からの二年間、中学受験生たちは「塾中心」の生活になるくらいハードな日々を過ごします。先述したように中学入試は難しい問題に挑まなければならず、相当な時間を費やしてその対策をおこなわなければいけません。「脱線」する子がいて当然の世界だとも感じています。

ここでわたしはことばのチョイスを間違えました。「脱線」とするのはよくないですね。わが子が中学受験勉強に打ち込む中で、高い壁にぶつかってしまい、精神的に追い詰められてしまったら、「普通」のルートである高校受験に変更したって全然構わないのです。それは負けでもなんでもありませんし、「脱線」ではなく、「路線変更」といったほうがよいでしょう。わが子に中学受験がたまたま合わなかっただけなのです。

そんな万一の事態が生じたときに、「たかが中学受験」と肩の力を抜いて考えられる保護者であってほしいのです。甚《はなは》だ逆説的ではありますが、このように余裕を持った考えのできる保護者の子は中学受験で上手くいく可能性が高いように思えます。

何校あってもよい「第一志望校」

先ほど「特定の学校」だけを目標に中学受験をスタートするのはやめたほうがよいと中

し上げました。また、近年の中学入試は激戦で二〇二〇年度以降は「学校を選ぶ」時代から「学校から選ばれる」時代に転換したとも申し上げました。

前言を翻《ひるがえ》すようで申し訳ないのですが、「学校から選ばれる時代」は少し盛《も》り過ぎた表現です。なぜなら、どの学校の入試も「辞退して別の学校に進学する子」を勘定に入れて、募集定員をはるかに上回る合格者を出していますから。手持ちの具体的なデータがないので感覚的なものにはなりますが、「首都圏の私立中高一貫校の合格者総数」と「首都圏の中学受験生総数」を比較するとほぼ間違いなく前者の数のほうが上回るでしょう。

小学校六年生のときのわが子の模擬試験数値などを冷静に見て、「挑戦校」「実力相応校」「安全校」それぞれを受験パターンの中に配していけば、よっぽどのことがない限り「全敗」するようなことはありません。この三つの区分は無論「その学校の合格基準偏差値」を尺度にしていますが、偏差値の高いところがわが子にとって「良い学校」である保証はありません。大手塾や模試業者が公開している「学校別偏差値一覧表」はあくまでも入試の難易度を表しているに過ぎない一面的な指標です。

昨年のこと。わたしの指導していた男の子が入試間際にこんなことを呟きました。

「先生、ぼくが受ける五校、その全部に入学したいんだよね。どうしよう……」

彼からこの発言を耳にして、わたしは「ああ、きっとこの子の中学受験は成功するだろうな」と確信しました。

この男の子は第一志望校、第二志望校、第三志望校……といった序列をつけず、これらの学校すべてが「第一志望校」になったというわけです。そこには間違いなく保護者のご尽力がありました。わが子をいろいろな学校に連れていく中で、お母様はその学校に対して（思うことはあったとしても）わが子の前で否定的な物言いは避けたといいます。「この学校もいいね、あの学校もいいね」。そんな嬉々《きき》としたお母様のことばを聞いた結果、彼はどの学校も心から行きたいと思えるようになったのでしょう。

子どもが物事の善悪を判断する最大の尺度は「親の言動・表情」にあると考えます。

首都圏で中学受験をするなら、わが子の選択肢は数多く用意されています。「偏差値○○以上じゃないと」とか、「ＭＡＲＣＨ（明治大学・青山学院大学・立教大学・中央大学・法政大学を総称する表現）の付属校じゃないと」とか……そんな視野の狭い見方をするのではなく、わが子が六年間楽しく過ごせそうな学校はどこだろうとわくわくしながら学校選びをするほうがよいに決まっています。

この章ではわが子の中学受験を始める動機について言及しましたが、中学校に合格するまでという短期的な視点でなく、わが子の中高生活、または将来を長期的に考えた上で中学受験に踏み切れるか否かを決めて欲しいのです。

わが子が「最強」の中学受験を味わえるのか、それとも人生の汚点となる「最凶」の中学受験になってしまうのか……。中学受験を始めるその動機が大きな鍵を握ることになるのです。

第二章

わが子の世界を広げる受験勉強

間違いばかりを気にする親

わが子が中学受験勉強で「最凶」の事態に陥ってしまう……この筆頭に何が挙がるのでしょうか。わたしは「子どもが勉強嫌いになってしまうこと」だと考えます。そもそも勉強というのはそれまで知らなかった「知識」や「教養」を授《さず》けるものであり、本来わが子の視野を広げる、世界が広がる大変にエキサイティングなものです。

ところが、中学受験勉強に専心しているうちに、勉強に嫌気がさしてしまう、勉強に向かうことに恐怖心を抱いてしまう……これは本末転倒と言わざるを得ません。

このような由々しき事態を招くのは、保護者のわが子への接し方（加えて、指導する講師のスキル）が大きいのだろうと、これまでの経験上感じています。

わが子がその日のテストで「七〇点」の答案を持って帰ってきました。まず褒《ほ》めてやることができる保護者はどれくらいいるでしょうか。

わたしは大半の保護者は「できなかったもの」ばかりに目を留める傾向にあると踏んでいます。できなかった「三〇点」ばかりに焦点を当ててしまうのです。

「あなた、このできなかった三〇点はどういうこと？」

わが子に対してこんなふうに責め立ててしまう……それが積み重なると、子どもは間違えることがどんどん怖くなってしまい、結果的に勉強が負担になってしまうのです。

そういえば、最近は中学受験対策の「早期化」が一部に見られるようになり、小学校一年生や二年生から塾通いするケースを見聞きするようになりました。わが子が塾に嬉々として通い、学ぶことを楽しめているならば、早期の塾通いには大きな意味があるのでしょう。しかしながら、一年生や二年生からテストの得点結果を親から「監視」され、毎度のように間違えた部分を叱責されてしまう……それがきっかけで勉強面において自信を失い、学ぶことを重荷に感じてしまう低学年生になってしまうと、その後のリカバリーが難しいのです。そうなると、中学受験勉強の経験で身に纏《まと》ってしまった「負」を引きずりながら、その子は生きていかねばなりません。これって怖いことだと思いませんか?

わが子をなかなか褒められないのは「距離が近い」保護者ゆえ当然のことです（わたしも自信がありません）。

だからこそ、勉強面については塾などの第三者にある程度託して、保護者はちょっと離れたところから見守るという姿勢を貫いたほうがよさそうです。

週例テストに追われる子どもたち

塾によってはその週の学習単元の定着を診る「週例テスト」を課しています。これがわが子の学習を進める上での「ペースメーカー」になっていれば何の問題もありません。

一方、「週例テスト」の得点にあまりにこだわってしまうと、日々の学習がいつしか「週例テスト」で高得点を獲得するためのものに化してしまいます。「塾のカリキュラムに即しているので、それで構わないのではないか」と訝《いぶか》しく思うかもしれません。

わたしが問題視しているのは、これによって「一夜漬け」的な学習習慣を子どもたちが身に付けてしまうという点です。つまり、「週例テスト」にギリギリ間に合わせるような学習がデフォルトになるのです。皆さんも「一夜漬け」で勉強したことはありませんか。わが身を振り返ればお分かりでしょうが、「一夜漬け」で覚えた知識など頭の中からすぐに消え去ってしまうでしょう。

「週例テスト」に追われる子どもたちだって同様です。ですから、普段の単元別の「週例テスト」では比較的良い成績を残すものの、より範囲の広い「総合テスト」になるとさっぱり得点できない……こんな状況にわが子が陥ってしまっているなら、それは危険です。だって、中学入試問題は中学受験の学習範囲全般から出題される「総合テスト」なのですから。

「指示待ち」になる子どもたち

塾通いを始めたばかりのわが子。当然、保護者のきめ細やかなフォロー体制を構築する必要があります。

わたしは自身の経営する中学受験専門塾の説明会で次のような話をしています。

「特に小学校三年生、四年生のお子さんが塾に初めて通うならば、最初は保護者の手厚いフォローが必要です。宿題はどこが出されているのかは毎回確認してください。また、週間のスケジュールを作成して、何曜日の何時から何時はこの科目のこの教材に取り組むという決め事をして、それらをルーティン化してほしいのです。また、子が宿題をしているときは解答解説を保護者側で預かり、終えたあとに、それを取り出して一緒に丸付けをしてやってください。わが子が理解できなかった点を簡単にアドバイスしてくださるとこちらとしても助かります。保護者がすぐに答えられないような質問が出たときは、すぐに塾にご連絡ください。授業前にこちらでその質問に対応します」

あれ？　序章で「家庭の進学塾化」と「親の塾講師化」に否定的な見方をしていたの

に、それと矛盾しているのではないか？　そう感じられるかもしれません。

しかし、塾に通い始めたばかりは、どうしても保護者の対応に頼らざるを得ないというのが正直なところです。ただし、わたしは先の弁にこんな話を継いでいます。

「しかし、子が塾通いに慣れるに従って、それまで保護者がフォローしていた事柄について時間をかけながら少しずつ手渡してやってください。たとえば、塾通いから半年経った夏からは親がやっていた丸付けを自力でさせましょう。そして、秋からは分からない問題は親でなく塾の講師に直接尋ねるようにさせましょう。冬になったら、これまで預かっていた解答解説を子に託し、宿題が終わったら自分で確認して復習させましょう……」

保護者の「期間限定サポート」のわが子へのバトンタッチはとても大切です。しかし、いつまでも保護者がわが子を信用できず、その学習管理から離れられないと、その結果、わが子は自分でいつどうやって行動したらよいか分からない……そんな「指示待ち人間」になってしまう危険性があるのです。

希学園首都圏の学園長・山﨑信之亮先生はこう釘を刺します。

「昔の保護者は、『うちの子、塾でがんばっています』と声を大にして言える人ばかりだったのですが、この四～五年、わが子を信じられない保護者が増えてきたように感じます。目に見える偏差値などの数値でしかものを考えられない保護者が増えているのではないでしょうか。わたしが大切だと思うのは、親が『見えないものを信じられるか』ということです。塾で学んでいるわが子、入試会場で試験に取り組むわが子。その姿が信じられないから、わが子を自身でコントロールする、支配下に置こうとしている。そして、『伴走』という表現でそれを正当化しようとしているように思えます」

過干渉の結果は入試当日に表れる

わたしは保護者の管理が行き過ぎたゆえに、入試本番で大変な目に遭った子たちを数名見ています。そのうちの一人の事例を次に紹介します。

何年も前ですが、東京都在住のAくんという中学受験生の話です。

彼は二月一日からの都内私立中学校の入試に備えて、ひと足早く、一月から本番が始まる埼玉県と千葉県にある私立中学校の入試を受けました。一校目の埼玉県の中学は、彼の「持ち偏差値」より三ポイント下で「合格率八〇％」の判定が出ていた「安全校」です。

塾サイドとしてはよほどのことがなければ合格するだろうと踏んだものの、結果はまさかの「不合格」。その不合格の報をAくんの母親から電話で受けた講師によると、その母親は興奮気味にこう言い放ち、電話をガチャ切りしたというのです。

「もうウチの子の入試の応援に来ないでもらっていいですか？　ウチの子、塾の先生が校門の前にいるだけで緊張しちゃうみたい。だから、落ちたんです」

いまはコロナ禍の影響で塾講師たちが自塾の生徒たちが受験する入試当日に校門前で激励する「入試応援」はなくなりましたが、かつては毎年おこなわれている行事でした。

件《くだん》のAくんは「人生初の受験」でしたが、親の立場としても、わが子を初めて試験会場に送り出す経験をしたわけです。いきなりの不合格にうろたえる心情は理解できます。こちらとしては申し訳ない思いがしましたが、不合格の原因が校門まで足を運んだ塾講師にあると決めつけるその母親の「混乱ぶり」が気に懸《か》かったのです。

Aくんに不合格だった「入試」の復元答案をすぐに作成してもらいました。そして、わたしは愕然《がくぜん》としたのです。設問の条件の読み誤りなど、ミスを連発しているのです。

Aくんはポツリと言いました。

「試験が始まったら、頭が真っ白になって何も考えられなくなっちゃって……」

この埼玉県の私立中の不合格を受けて、Aくんの母親に千葉県の私立中学校の出願をお願いしました。今度は彼の持ち偏差値より一〇ポイント下の学校です。これなら安心だろうと思いました……。しかし、またもや不合格。

さすがにこれは、おかしい。再びAくんと面談したところ、試験当日の驚くべき母親の言動が分かったのです。Aくんによると、入試会場に向かう中、母親から罵声を浴びせられ続けていたとのこと。電車で向かう途中に車内で彼が参考書を広げていると、それを母親は取り上げて問題を出題し、彼が返答に詰まると「なんであなたはこんなのも分からないのよ！」「こんなんじゃ受かるわけがないでしょ！」と怒鳴られたそうです。

普段はあまり声を荒らげることのない母親なのに、年が明けたころからその言動がおかしくなった、とAくんは「密告」してくれました。母親は中学入試本番が近づくにつれ、「落ちるのではないか」という不安感に完全に支配されてしまったのです。そして、Aくんはその母親に追い詰められた結果、怯《おび》えながら入試本番に臨むことになった……。これでは普段の実力を発揮できないのは当然です。

少し極端な事例かもしれませんが、保護者がわが子の中学受験勉強から「一線」を引ければ、このようなことにはならなかったのでしょう。

勉強するわが子が「かわいそう」は大間違い

中学受験勉強は順風満帆にはいかないと申し上げました。そして、努力量が成績に即座に反映されるような単純な世界でもありません。

わが子が受験勉強に打ち込む中で、予期せぬスランプに嵌《はま》ってしまうことだって十分考えられます。あんなにがんばった夏期講習会なのに、秋に受験したテストの結果が散々だった、仲の良い友だちはクラスアップしたのに自分はそれが叶わなかった、体調を崩して一週間塾を休んだら、それが原因で塾のカリキュラムについていくのが難しくなった……。あくまでも一例ではありますが、さまざまな「試練」が待ち構えています。

「まだ体の小さい年頃なのに、自由を奪われて何だかいたたまれない気分だ」

「こんなに膨大な学習量が求められてかわいそうだ」

ついそう考えてしまう保護者はいらっしゃいませんか？

もしそうであれば、その認識を改めるべきではないかと考えます。その理由はすでに述べています。

わたしは中学受験勉強に打ち込める小学生たちは「幸せ」だと思うのです。中学受験で培《つちか》った学習姿勢は中高生活でも大いに役立ちます。勉強は世界を広げるものです。

そして、彼ら彼女たちが中高一貫校に合格、進学すれば、六年間の学校生活を存分に謳《おう》歌《か》できるでしょう。さらに、同じ学び舎で過ごした友人たちは、一生ものの付き合いができるかけがえのない「財産」になることも多いのです。

保護者がわが子に「同情」すれば、すぐにその思いは当人に感染します。そうすると、塾通いをして中学受験の勉強をする自分は苦しいことを強《し》いられているのだ、というあたかも被害者に似た思いを抱いてしまい、勉強面で壁にぶつかった際には、他責的な言動をとってしまうことが容易に想定できます。そんな姿勢になってしまっては、自ら新しい事物を吸収しようという意欲が失われてしまいます。

親も受験勉強を楽しめるか

ここからは「最強の中学受験勉強」とはどういうものかを考えていきましょう。

保護者がわが子の中学受験勉強に関与したことが、わが子の学力を飛躍的に伸長するように導いた事例だってあります。

たとえば、小学校三年生の息子を持つ父親は、宿題をあたかも「レース」のように一緒に解いて、互いに答え合わせしたそうです。そのときに心掛けていたのは、中学受験の学習をとにかく親が「楽しんでみせる」ことだったとその父親は振り返りました。この父子の「宿題レース」は互いのコミュニケーションを図る機会になっていたのですね。

この男の子は最終的に首都圏トップレベルとされる進学校に合格しました。

この父親から学べることは、親も受験勉強の「当事者」のようにふるまい、科目の問題を深く考えることの面白さ、問題を正解できたときの喜びを互いに共有できる時間を持つことができれば、わが子が学ぶことに積極性を持てるようになるということです。

わが子の「強み」を見出す

そして、中学受験の学習に励むわが子の様子をつぶさに観察し、わが子がどのような単元に関心を抱くのかを見出し、それをきっかけにその学びを後押しできたというケースもあります。

小学校五年生の後半になると、塾ではそれまでの「地理」の学習から「歴史」に移行します。その歴史の序盤で「古墳時代」を学びます。この「古墳」に大ハマりした男の子がいました。歴史の資料集で古墳の図版ばかりを飽くことなく見ているわが子を見て、母親は彼に一冊の本をプレゼントしました。その本は東京に点在している古墳について詳解している内容でした。彼は驚きました。古墳といえば、近畿地方や九州地方、あるいは、北関東のほうまで足を延ばさないと直《じか》に見ることはできないと思い込んでいたからです。

その本には彼の自宅から徒歩圏にある古墳が登場していました。大きな公園の中に復元された古墳が残っている……。彼は早速その場所へ向かいました。彼が目にした古墳は国内でも比較的珍しい「帆立貝式古墳《ほたてがい》」であること、前方後円墳と異なるのは前方部の長さが短いこと。この長さは権力者の「力」を表すことを彼は知ったのです。この経験を基にして、彼は古墳の装飾品などに関心の目を向けていったようです。

結果として、彼はこの時代に留まらず、歴史全般が得点源となったのです。わが子の学習の様子に目を留めた母親のファインプレーであったといえるでしょう。言い添えますと、中学受験の歴史の学習において「古墳時代」はすぐにその扱いが終わってしまいますし、中学入試であまり出題される単元ではありません。

でも、そんなことは些末《さまつ》なことです。先に紹介した「宿題レース」の父親だって「中学入試のために」と考えて、わが子と一緒に問題を解いていたわけではないのです。

そして、二人の父母に共通しているのは、会話の端々から確かな「教養」が感じられた点です。お二人が学ぶことの楽しさを知っているからこそ、わが子が学力をぐんと伸ばせるそのきっかけづくりに成功したのでしょう。

少々辛辣な物言いにはなりますが、保護者が「勉強は苦手」「学ぶことは苦痛だ」と感じているのであれば、わが子の中学受験勉強に最後までタッチしてもろくなことにならないような気がします。その場合は、塾などの第三者に頼りつつ、わが子の中学受験から少し距離を置いて見守るほうが吉と出るでしょう。


さて、ここから話題を変えます。

中学入試の主要教科といえば、「国語」「算数」「理科」「社会」の四教科ですが、わたしの経営する中学受験専門塾スタジオキャンパスの各科目の小学校四年生〜六年生のカリキュラムを紹介しつつ、それぞれの科目の学習ポイントをお伝えします。国語はわたしの考えを述べていますが、算数・理科・社会はそれぞれスタジオキャンパスの内田実人《うちだまこと》氏、佐《さ》藤寛之《とうひろゆき》氏、大森尚王《おおもりひさお》氏からヒアリングしたものをまとめました。

中学受験勉強を始める前にできること

幼少期に多くのことばを浴び、また、多くのことばを自ら発しているかは大変に重要です。その証拠に塾通いをスタートする小学校三年生の子どもたちを観察していると、その語彙の多寡にびっくりするくらいの差が認められるのです。さまざまな大人に囲まれて会話をしてきた子ほど、その語彙レベルは高い傾向にあります。子どもを子ども扱いせず、あえて大人のことばを投げかけるのも語彙力を向上させるひとつのポイントです。

さらに、幼少期の絵本の読み聞かせも大切であるのは間違いありません。ことばと絵を結びつける経験値をたくさん積んでいるほうが、文章理解が早いように感じています。年が少し離れた兄や姉がいる場合は、親の代わりに彼ら彼女たちに弟や妹に向けて読み聞かせをしてもらうのも手です。双方にとって良い学びの場となります。

あとは、習慣的にものを「書く」経験をさせるとよいでしょう。最初は一行程度で構いませんので、その日にあったことなどを「交換日記」の形式で親子のやり取りを続けると、いわゆる中学入試頻出の「記述問題」の土台作りに役立ちます。

中学受験塾の学習ポイント

小学校四年生くらいまでは国語を得意にしていた子が、五年生くらいから突如得点できなくなる現象が見られることがあります。文章のレベルが難しくなって、身近に感じられない題材が増えるからでしょう。文章を巨視的、あるいは部分的にしっかりと理解しつつ、文章のこの部分にこう記述されているから解答は○○になる……といった論理的思考力を動員しないと太刀打ちできなくなるのもこの時期です。

さらに、小学校五年生以降ではすぐに「辞書」でことばを調べるよりも、文章内で分からない表現に出合ったら、その前後のコンテクスト（文脈）に目を向けて、その表現の意味を推測するトレーニングをおこないましょう。入試本番に辞書は持ち込めませんし、制限時間付きの入試では難しいことばにぶつかったとしても、その意味を瞬時に判断して読み進めていかなければいけません。

最後に、中学受験で出題される漢字や知識問題（言語知識問題＋文法知識問題）については、大半の塾で中学受験において出題される範囲は小学校五年生で終えるようになっています。ここはできる限り小学校六年生になる前に定着を図りたいところです。六年生の一年間の学習で重きを置くべきは「算数」、次に「理科」「社会」なのです。

読書について

昨今の中学入試問題では「最新刊」を素材にしたものが数多く出題されます。そうなると、これらの素材を先読みして、目を通しておいたほうが有利になりそうな気がしますが、過去の事例を見る限り、そんなことはありません。「的中」したとしても、「あ、どこかで読んだ文章だな」と受験生の気持ちがほんの少し楽になるくらいでしょう。

読書を好む子とそうでない子は、一般的には前者のタイプのほうが国語を得意科目にする傾向にあるのは間違いありません。登場人物の心情の読み取りに長《た》けていたり、場面のイメージを描きやすかったり、難しいことばを数多く知っているからでしょう。

中学受験塾に通う子どもたちは毎週たくさんの（本の一部を切り取った）文章の読解問題に取り組みます。「今日はどんな文章だったの？」という声かけを保護者が継続しておこなうことで、わが子の「この文章、続きが読みたい」という声を引き出すことができるかもしれません。そうなったら、迷わずその本を買い与えてください。これをきっかけにして、読書の世界を楽しめるようになるかもしれません。

中学受験勉強、中高以降にどうつながる？

中学受験で出題される文章ジャンルは、「説明文・論説文」「物語文」「随筆文」などであり、扱うテーマは多岐に亘ります。中学入試問題の大半は小学生対象に執筆された文章ではなく、大人向けの文章から出題されます。ちなみに、「詩・短歌・俳句」といった韻文は一部の学校だけでしか出題されません。

「説明文・論説文」については、哲学的なテーマから、環境問題、比較文化論、言語論……場合によっては、理科や社会との「科目横断的」なテーマなど、実に幅広い内容が扱われます。「物語文」については、主人公の成長譚はもちろんのこと、複雑な家族関係、複雑な友人関係、死、恋愛など、これまた広大なテーマの文章が使われています。

中学受験の国語では「広く、浅く」さまざまな分野の文章に触れられます。これがきっかけとなり、中高以降に探究したい分野を見出せることだってあります。

そして、昨今の中学入試で特徴的なのは「記述問題」の隆盛です。自分が文章から読み取ったことを、自分が心の内で考えた思いを第三者に向けて表現するという学習は、中高だけでなく、大学以降に取り組む論文執筆であったり、社会人になっておこなうプレゼンであったり、さまざまな場面でそのスキルを活用することができます。

2024年度　Studio CAMPUS　国語カリキュラム

	4年	5年	6年
チャレテ	新学年チャレンジテスト		
2月1週	説明文①／五十音図・かなづかい	文の構造①	説明文・論説文①／かなと漢字
2月2週	説明文②／送りがな・国語辞典	説明文・論説文①／かなづかい・送りがな	説明文・論説文②／同訓異字
2月3週	物語文①／漢字の成立・音訓	物語文①／漢字の知識	物語文①／同音異義語
3月1週	物語文②／漢字の部首	物語文②／部首・画数・筆順	物語文②／類義語・対義語
3月2週	説明文③／漢字の画数・筆順	文章と表現／同訓異字	随筆文①／熟語総合
3月3週	復習授業／第1期カリキュラムテスト		
4月1週	説明文④／漢和辞典	説明文・論説文②／同音異義語	随筆文②／手紙文・敬語
4月2週	物語文③／主語と述語	物語文③／類義語・対義語	説明文・論説文③／付表の語・難読語
4月3週	物語文④／修飾語	物語文④／熟語の組み立て	物語文③／慣用句・ことわざ・故事成語
GW	休		
5月1週	説明文⑤／文の基本型	説明文・論説文③／慣用句①	説明文・論説文④／語句の意味・用法①
5月2週	説明文⑥／同訓異字	説明文・論説文④／慣用句②	説明文・論説文⑤／語句の意味・用法②
5月3週	物語文⑤／同音異義語	第2期までの復習	物語文④／文学史・文学作品
5月4週	復習授業／第2期カリキュラムテスト		
6月1週	物語文⑥／熟語の組み立て	随筆文①／ことわざ①	物語文⑤／文節の役割
6月2週	説明文⑦／三字熟語・四字熟語	随筆文②／ことわざ②	説明文・論説文⑥／自立語①
6月3週	説明文⑧／類義語	説明文・論説文⑤／三字熟語・四字熟語①	物語文⑥／自立語②
6月4週	物語文⑦／対義語	複数テキスト／四字熟語②	随筆文③／付属語①
7月1週	詩①／和語・漢語・外来語	物語文⑤／上位語・下位語・多義語	随筆文④／付属語②
7月2週	詩と解説文	詩①／敬語	詩・短歌・俳句
7月3週	復習授業／第3期カリキュラムテスト		
チャレテ	後期チャレンジテスト		直前期チャレンジテスト①
9月1週	説明文⑨／名詞	文の構造②	説明文・論説文のまとめ①
9月2週	説明文⑩／動詞	説明文・論説文⑥／同訓異字・同音異義語	説明文・論説文のまとめ②
9月3週	物語文⑧／形容詞・形容動詞	説明文・論説文⑦／熟語総合	物語文のまとめ①
9月4週	物語文⑨／副詞	物語文⑥／慣用句・ことわざ①	随筆文のまとめ
10月1週	説明文⑪／慣用句・ことわざ①	説明文・論説文⑧／慣用句・ことわざ②	直前期チャレンジテスト②
10月2週	説明文⑫／慣用句・ことわざ②	第4期の復習	説明文・論説文のまとめ③
10月3週	復習授業／第4期カリキュラムテスト		説明文・論説文のまとめ④
10月4週	物語文⑩／複合語・派生語	説明文・論説文⑨／名詞・動詞	物語文のまとめ②
11月1週	物語文⑪／符号・原稿用紙の使い方	物語文⑦／形容詞・形容動詞	直前期チャレンジテスト③
11月2週	詩②／敬語①	物語文⑧／その他の自立語	統一実戦テスト①／総合演習
11月3週	説明文⑬／敬語②	実用文／助動詞①	総合演習
11月4週	物語文⑫／同音異義語・同訓異字	詩②／助動詞②	統一実戦テスト②／総合演習
12月1週	復習授業／第5期カリキュラムテスト		総合演習
12月2週	物語文⑬／類義語・対義語	随筆文③／助詞①	統一実戦テスト③／総合演習
12月3週	論説文①／主語・述語・修飾語	随筆文④／助詞②	総合演習
12月4週	物語文⑭／名詞・動詞・形容詞・形容動詞・副詞	随筆文⑤／助動詞・助詞総合	統一実戦テスト④／総合演習
1月1週	読解総合①／連体詞・接続詞・感動詞	短歌・俳句／文語的表現・暦の知識	総合演習
1月2週	読解総合②／4年知識総合問題	第6期までの復習	総合演習
1月3週	復習授業／第6期カリキュラムテスト		総合演習

※3年生のカリキュラム、春夏冬の講習は省略。

中学受験勉強を始める前にできること

算数について、塾通いを始める前に取り組んだほうがよいことは何でしょうか。

幼少期はパズルで平面図形の、積み木（レゴブロックなど）で立体図形を認識する感覚を身に付けるのが効果的とされています。

また、割合の概念や単位の換算、速さなどはちょっとした親子のやり取りでその感覚を磨くことができます。たとえば、レンジで三分とは一八〇秒のこと、牛乳一リットルはどれくらいの容量か……。最近はキャッシュレスでお買い物をすることが多いでしょうが、お子さんを連れてスーパーに買い物に行くときはあえて現金でのやり取りを見せる……。

保護者がわが子のためにできるちょっとした工夫は枚挙に暇がありません。

塾の学習をスタートする時点で算数がすでに「できる」子はどういうスキルを有しているのでしょうか。ひとつは計算の技術（筆算と順序）やその工夫（一〇や一〇〇などのかたまりとして見なせる）がしっかりできる子、次に概算するその数値的感覚に優れている子、九九の計画的な暗記だけでなく、かけ算の分解が得意な子などを挙げることができます。

2024年度　Studio CAMPUS　算数カリキュラム

	4年	5年	6年
チャレテ	新学年チャレンジテスト		
2月1週	計算の順序と逆算	公倍数と公約数・素因数分解	規則性／N進法
2月2週	和差算	分数の計算	割合と比の文章題
2月3週	およその数	数列／日暦算	速さと比
3月1週	平行線と角の大きさ	和差算／分配算	点の移動とグラフ
3月2週	三角形・四角形と角の大きさ	消去算／つるかめ算	面積比と線分比／正六角形の分割
3月3週	復習授業／第1期カリキュラムテスト		
4月1週	小数の四則計算	差集め算／過不足算	複合立体の体積／表面積
4月2週	分数と小数や整数の関係	図形の角度	立体の切断
4月3週	分数のたし算とひき算	図形の面積	体積と容積の変化
GW	休		
5月1週	植木算	円とおうぎ形	回転体／水量の変化と水の体積
5月2週	樹形図を用いた場合の数	柱体の体積と表面積	図形の平行移動と回転移動
5月3週	分配算	割合の3要素／歩合と百分率	場合の数
5月4週	復習授業／第2期カリキュラムテスト		
6月1週	正方形と長方形	相当算	平面図形
6月2週	直方体と立方体	食塩水の濃さ	割合と比／和と差
6月3週	さいころの性質／展開図	平均算／帯グラフと円グラフ	速さと比
6月4週	平均	売買損益	数の性質
7月1週	周期算	道順／ならべ方	立体図形
7月2週	等差数列	組み合わせ	場合の数
7月3週	復習授業／第3期カリキュラムテスト		
チャレテ	後期チャレンジテスト		直前期チャレンジテスト①
9月1週	計算の工夫	速さの3公式	和と差／割合と比
9月2週	小数のわり算	旅人算	速さ
9月3週	整理と分類	通過算・時計算	平面図形
9月4週	円と多角形の性質	流水算	図形の移動
10月1週	四角形の性質と面積	ダイヤグラム	直前期チャレンジテスト②
10月2週	組み合わせと場合の数	点の移動	数の性質／規則性
10月3週	復習授業／第4期カリキュラムテスト		場合の数
10月4週	三角形の性質と面積	比例式／連比	立体図形
11月1週	体積と表面積	倍数算／年令算	直前期チャレンジテスト③
11月2週	約数と公約数	仕事算	統一実戦テスト①／総合演習
11月3週	倍数と公倍数	速さと比	総合演習
11月4週	約分と通分	すい体の体積と表面積	統一実戦テスト②／総合演習
12月1週	復習授業／第5期カリキュラムテスト		総合演習
12月2週	分数のかけ算とわり算	合同と相似	統一実戦テスト③／総合演習
12月3週	いろいろな角度	相似比／面積比	総合演習
12月4週	いろいろな面積	比の合成／影	統一実戦テスト④／総合演習
1月1週	いろいろな文章題	図形の平行移動	総合演習
1月2週	速さ	図形の回転移動	総合演習
1月3週	復習授業／第6期カリキュラムテスト		総合演習

※3年生のカリキュラム、春夏冬の講習は省略。

中学受験塾の学習ポイント

算数の土台は「計算トレーニングの継続」にあります。塾通いを始めてから入試の直前期まで日々計算練習をおこない、処理能力を磨いておくことは中学受験生にとって必要不可欠です。

次に、「常に自らの足らざるところ」を疑ってみせる真面目な姿勢が求められます。学習したものを日々丹念にやり直しするのはもちろん、間違えた問題だけでなく、「何となくできた」問題については放置せず、再度類題に取り組んでみることは大切な姿勢です。加えて、自分のウィークポイントを確認するために過去のテスト答案をストックし、探したい問題にすぐに行き着けるだけの整理をしている子は学力を伸ばしやすいでしょう。

算数のカリキュラム上、子どもたちがつまずきやすい単元としては、「割合」「速さ」「立体図形」「場合の数」などです。小学校五年生からは「割合」と「速さ」については「比」の概念の定着が必要であり、ここで突如苦手意識を抱いてしまう子もいます。

中学受験勉強、中高以降にどうつながる?

中学受験の算数に懸命に取り組んだ子は、計算の工夫とそれに基づいたスピードに長けている傾向にあります。特に方程式に入ってからの処理能力に秀《ひい》でているといわれています。また、「子どもながらの『純然たる』図形感覚」を持ち合わせて幾何の学習に入れるのは、中学受験を経験していない子に比べると有利だとされています。

最後に、難関校で出題される問題に限った話にはなりますが、いわゆる「思考系」の文章題に取り組む際のその過程、考え方は「数学」の基本に相当するといわれています。

中学受験の理科

中学受験勉強を始める前にできること

算数と重複しますが、保護者は子どもを買い物に連れ出して、いろいろな食材などを眺めさせるとよいでしょう。たとえば、野菜や果物、魚介類などの旬はいつか、見た目の特徴などを自然と知る機会を持たせるのは、その後の学習に活きるでしょう。

また、折り紙、あやとり、プラモデルなどに興じるのも大切です。なぜかといえば、これらに取り組むことは「手順に従って事をおこなう」トレーニングになるからです。

そして、わが子の「なぜ」「なに」に保護者がいっぱい付き添ってやりましょう。時には保護者でも分からない質問が投げかけられるかもしれません。そんなときは知ったかぶりをせず、一緒に図鑑やネットなどで調べる習慣を持つとよいでしょう。

ちょっとした遊びの中から理科的な視点を養うことだってできます。たとえば、バーベキューに行ったときに河原の石を観察するなど……。あとから理科の学習をしたとき（「流れる水の働き」）に、過去を振り返って答え合わせの経験ができるのはその定着度を深めます。ほかにも、星空（神話などが役立つこともあるそうです）や月の観察、草花で遊ぶ経験なども理科に興味を抱く好機になるでしょう。

なお、小学校一年生・二年生のときの「生活科」の授業は理科を好きになるヒントが盛りだくさんといわれています。この時間を楽しむのも大事です。

中学受験塾の学習ポイント

中学受験の理科は「生物」「地学」「化学」「物理」の四分野から出題されます。それぞれの分野で子どもたちがつまずきやすいポイントを挙げてみましょう。

「生物」……覚えるべきことが多い「植物」や「人体」に苦手意識を抱く子が多いとされます。植物については例外を先に覚えるなどの工夫をおこなうことが大切です。

「地学」……天体の理解に苦戦する子が大勢います。覚えることがたくさんある上に、理

2024年度　Studio CAMPUS　理科カリキュラム

	4年	5年	6年
チャレテ	新学年チャレンジテスト		
2月1週	こん虫	季節と生物	生物と環境①
2月2週	春の植物	水と空気の性質	生物と環境②
2月3週	春の動物と天気	気象①	水溶液①
3月1週	じしゃく	気象②	水溶液②
3月2週	光の進み方	物のあたたまり方	水溶液③
3月3週	復習授業／第1期カリキュラムテスト		
4月1週	動物	月と星座①	電流と磁界①
4月2週	太陽・月・地球①	月と星座②	電流と磁界②
4月3週	太陽・月・地球②	物のとけ方	電流と発熱
GW	休		
5月1週	水と空気①	ばね	地球と宇宙①
5月2週	水と空気②	てんびんとてこ①	地球と宇宙②
5月3週	水と空気③	てんびんとてこ②	圧力
5月4週	復習授業／第2期カリキュラムテスト		
6月1週	植物のつくりとはたらき①	植物①	浮力
6月2週	植物のつくりとはたらき②	植物②	ばね
6月3週	星と星座	植物③	てこ①
6月4週	星の動き	音と光①	てこ②
7月1週	夏の植物	音と光②	滑車と輪軸
7月2週	夏の動物と天気	音と光③	力学総合
7月3週	復習授業／第3期カリキュラムテスト		
チャレテ	後期チャレンジテスト		直前期チャレンジテスト①
9月1週	季節と天気	気体①	物理①
9月2週	流水のはたらき	気体②	物理②
9月3週	熱とかさ①	人体①	物理③
9月4週	熱とかさ②	人体②	化学①
10月1週	秋の植物	人体③	直前期チャレンジテスト②
10月2週	秋の動物と天気	生物の誕生	化学②
10月3週	復習授業／第4期カリキュラムテスト		地学①
10月4週	電流のはたらき①	物の燃え方	地学②
11月1週	電流のはたらき②	電流①	直前期チャレンジテスト③
11月2週	物のとけ方①	電流②	統一実戦テスト①／総合演習
11月3週	物のとけ方②	地球と太陽①	総合演習
11月4週	てんびんのしくみ	地球と太陽②	統一実戦テスト②／総合演習
12月1週	復習授業／第5期カリキュラムテスト		総合演習
12月2週	気体	大地の変化①	統一実戦テスト③／総合演習
12月3週	水溶液	大地の変化②	総合演習
12月4週	ヒトのからだ	大地の変化③	統一実戦テスト④／総合演習
1月1週	冬の植物	物の運動①	総合演習
1月2週	冬の動物と天気	物の運動②	総合演習
1月3週	復習授業／第6期カリキュラムテスト		総合演習

※3年生のカリキュラム、春夏冬の講習は省略。

屈で考えないと解けない問題が含まれるからです。たとえば、月の動きの計算、日食と月食の仕組みなどがそれに相当します。

「化学」……物質の性質に加えて、水溶液と気体の計算に四苦八苦する子がいます。基礎的な公式をしっかりと頭に入れておくことが肝要です。

「物理」……電流と力学が難しいとされています。前者は基礎となるルールをしっかり理解しましょう。後者は手順の遵守が必要不可欠といわれています。難しい問題も基本の組み合わせでできていますので、それぞれを細かなパーツに分けて考えることができれば克服しやすいといえます。

中学受験勉強、中高以降にどうつながる?

中学受験の理科は中高内容まで割と網羅される傾向にあります。大学受験の勉強に向けての土台構築は中学受験勉強ですでに培われているといっても過言ではありません。さまざまな現象を深く理解しようという目が理科の学習によって涵養《かんよう》できます。

そして、こういう洞察力は大人になっても役立ちます。また、データの読み取り、データの処理などの根本を中学受験の理科で扱っていますので、統計的な推測分野と向き合う根気を早期のうちに身につけられるのも意義深いところでしょう。

中学受験の社会

中学受験勉強を始める前にできること

社会という科目の土台となる知識は、日々の生活の中で培われることが多々あります。たとえば、食事の際にテレビを流すのであれば、ニュース番組にしておくと、さまざまな時事的な用語が自然と耳に入ってきます。ニュースといえば、天気予報なども実に学びがたくさん転がっているものです。地名はもちろんのこと、各地域の気候の特徴などをここで知ることができます。

これは理科と同様ですが、わが子が何か疑問を抱いた際には、保護者が一緒になって図鑑などで調べる習慣を付けるとよいでしょう。博物館などに出向いて、現物を見せるのもその事柄をのちのち学んだときに強く印象に残す効果があります。

中学受験塾の学習ポイント

中学受験の社会は「地理」「歴史」「公民」の三分野から出題されます。近年はこの三分野それぞれの範囲が国内から世界へと広がりを見せているといわれています。それでは、この三分野のポイントを説明していきます。

「地理」……地図や電車が好きな子は得意分野になりやすいでしょう。子どもたちが苦手意識を抱いてしまいやすいのは「工業」です。覚えるべき用語がたくさん登場することに加え、生活との結びつきが感じづらいのかもしれません。そういう意味では「貿易」も同様になかなかその理解に至らない子がよく見られます。

「歴史」……膨大な数の人物名・各種用語を「漢字」で覚えて書かなければなりません。そういう意味ではなかなか大変な分野です。歴史上の出来事は子どもたちにとって「遠すぎる」ので、イメージがわきにくいといえるでしょう。そして、意外に重要なのが、数値的な感覚です。たとえば、一〇〇年前といわれたときに、いつ頃かが瞬時に思いつかない子は歴史を不得手にする傾向にあります。

「公民」……子どもたちにとって身近ではない世界を扱います。公民の学習の最初に登場することの多い「日本国憲法」でつまずく子がよく見られます。ちょっと「古めの文体」に抵抗感を抱いてしまうのかもしれません。ほかには「財政」。税金の話や国家予算の話などピンとこない子がいます。そして、「経済」です。円高や円安の感覚を持つのはなか

2024年度　Studio CAMPUS　社会カリキュラム

	4年	5年	6年
チャレテ	新学年チャレンジテスト		
2月1週	日本のすがた	地図の見方・日本のすがた①	日本国憲法
2月2週	環境とくらし①	日本のすがた②	国会
2月3週	環境とくらし②	日本の農業	選挙・内閣
3月1週	地図のみかた①	日本の林業・水産業	裁判所・三権分立
3月2週	地図のみかた②	資源・エネルギー	平成時代
3月3週	第1期カリキュラムテスト		
4月1週	南西諸島のくらし	日本の工業①	社会保障・地方自治
4月2週	北海道のくらし	日本の工業②	日本の財政・経済
4月3週	日本海側のくらし	日本の工業③	日本の貿易
GW	休		
5月1週	太平洋側のくらし	日本の工業④	日本の交通・通信
5月2週	瀬戸内のくらし	日本の工業⑤	現代の日本①
5月3週	中央高地のくらし	日本の貿易	現代の日本②
5月4週	第2期カリキュラムテスト		
6月1週	低地のくらし	九州地方	世界のすがた
6月2週	高地のくらし	中国・四国地方	世界の国々
6月3週	盆地のくらし	近畿地方	世界の歴史(戦後の世界)
6月4週	海辺のくらし	中部地方	国際連合
7月1週	現代の日本	関東地方	日本の環境
7月2週	世界の国々	東北・北海道地方	世界の環境
7月3週	第3期カリキュラムテスト		
チャレテ	後期チャレンジテスト		直前期チャレンジテスト①
9月1週	北海道・東北地方	原始時代	各産業の復習
9月2週	関東地方	古墳・飛鳥時代	各地方の復習
9月3週	中部地方	奈良時代	政治史の復習
9月4週	近畿地方	平安時代①	外交史の復習
10月1週	中国・四国地方	平安時代②	直前期チャレンジテスト②
10月2週	九州地方	鎌倉時代	社会史・文化史の復習
10月3週	第4期カリキュラムテスト		国内政治の復習
10月4週	日本の気候	室町時代	国際社会の復習
11月1週	日本の地形①	安土・桃山時代	直前期チャレンジテスト③
11月2週	日本の地形②	江戸時代①	統一実戦テスト①／総合演習
11月3週	日本の農業①(稲作)	江戸時代②	総合演習
11月4週	日本の農業②(穀類・果樹栽培)	江戸時代③	統一実戦テスト②／総合演習
12月1週	第5期カリキュラムテスト		総合演習
12月2週	日本の農業③(野菜)	明治時代①	統一実戦テスト③／総合演習
12月3週	日本の農業④(畜産・工芸作物)	明治時代②	総合演習
12月4週	日本の農業⑤(農業の抱える問題点)	大正時代	統一実戦テスト④／総合演習
1月1週	日本の地理まとめ①	昭和時代①	総合演習
1月2週	日本の地理まとめ②	昭和時代②	総合演習
1月3週	第6期カリキュラムテスト		総合演習

※3年生のカリキュラム、春夏冬の講習は省略。

なか難しいといえます。

中学受験勉強、中高以降にどうつながる？

字義通り「社会」の当事者として、ものを考える基盤が中学受験の学びによって構築できます。世の中に対する視野が広がる、生活の中の数々の社会的なつながりを実感することができると言い換えてもよいでしょう。そして、国際関係の事柄の出題が増えていることもあり、これらの事象・出来事にも関心を持ちやすいのが社会の学習です。社会が得意になると、ニュースの理解度が格段に高くなります。余談ながら、新聞はある意味「連載物」であり、紙だからこそ毎日目を通す習慣を付けやすいツールです。

いかがでしたか。志望校に合格するための「科目学習」というより、「科目学習」そのものに大きな意義があるのです。そのような観点で保護者はわが子の中学受験勉強を見守れるとよいでしょう。中学受験の学びに取り組める子どもたちは、幸せだと思いませんか？

第三章

塾が成績を上げられない理由

その塾、ご家庭に合っていますか？

首都圏には膨大な数の中学受験塾があります。「大手進学塾」で有名なところとしては、SAPIX、四谷大塚、日能研、早稲田アカデミー、栄光ゼミナールなど……。また、わたしの経営するような小中規模な中学受験塾もたくさん存在します。

塾の形態は、「集団塾」（複数人が一緒になって授業を受講する）と「個別塾」（完全一対一、あるいは、一対二などの形態で個々の状況に応じた指導を提供する）に大別できます。

中学受験生の大半は、メインとなる集団塾に通っています。そして、集団塾に通いつつ、特定の苦手科目を克服するために個別塾を併用する場合がよく見られます。

どんな塾が「良い塾」なのでしょうか。「わたしの経営する塾が一番良い塾です！」と胸を張って言いたいところですが、十数年、いや何十年と市場から淘汰《とうた》されずに存続している中学受験塾で「どこから見ても悪い塾」など見当たりませんし、どんな塾であれ、長所もあれば短所もあります。その子に合う塾もあればそうでない塾だってあります。

わたしの塾は特に小学校五年生、六年生くらいになると、多くの塾生たちが連日塾に来て講師たちをつかまえて質問したり、受験勉強に励んだりしています。塾の授業がない日でも自習室が使えるようにしているのですね。簡単に言えば、塾で生徒たちを「囲い込んで」受験勉強してもらうスタイルです。

希学園首都圏もこの「囲い込み型」の塾です。学園長の山﨑信之亮先生は語ります。

「わたしの塾は、小学校三年生までは授業以外はご家庭で勉強してもらいますが、四年生は二一時まで、五年生は二一時五〇分、六年生は二二時三〇分まで塾に居残って自習できます。もちろん、強制ではないのですが、全体的には七割以上は自習していますね。六年生ですと、その割合は一気に高くなります。このような体制を構築している理由は二つあります。ひとつは『パパ塾』や『ママ塾』はわが子が五年生の途中になると科目の専門性が高くなって限界を迎えることが多いこと。そして、子どもたちは五年生にもなると親に反抗しがちになって、諍《いさか》いが増えてくること。ですから、わが子はできるだけ長い時間塾で勉強に打ち込んでほしいというディマンドに応えているのです」

さて、そのわたしの塾に小学校五年生、六年生の「他塾」に通塾する保護者から問い合わせや相談がよくあります。「わが子の通う塾はどうも合っていないようで、成績が低迷し、転塾を検討している」といった類の声がたびたび寄せられるのです。

一番良いのは、同じ塾にずっと通い続けられること、その塾でぐんぐんとわが子が成績を伸ばせることです。当たり前ですよね。「転塾」すると、それまでの指導環境と一変し、わが子が新しい塾に慣れるまで少々時間を要してしまいますから。その「過渡期」に学習した単元の定着は概して浅くなってしまうものです。もちろん、「転塾」の決断が功を奏し、塾を替えてからわが子が中学受験勉強に嬉々として取り組めるようになった、学力を伸ばせるようになったという事例はたくさんあります。

それでは、なぜ「転塾」を思い悩む親子がこんなに多いのでしょうか。

結論から言えば、最初に選択した塾がわが子に合っていないのです。いや、「わが子」に、というよりも「わが家」に合っていないのです。

中学受験塾はそれぞれ独自のスタイルを有しています。先述したような「囲い込み型」の塾もあれば、その一方で、あくまでも授業と教材を提供することが中心で、自習室など用意せず、家庭学習、保護者のフォロー体制を前提としている塾だって存在します。

たとえば、両親が共働きでわが子の中学受験勉強をチェックすることなど不可能であれば、後者のタイプの塾ではなく、前者のタイプの塾を選択すべきです。反対に、保護者が自身の学力や教養面に自信があり、わが子の受験勉強で手厚いフォローができる、親も一緒になって中学受験の科目学習を楽しみたいということであれば、前者のタイプの塾より後者のほうがわが子に合っている可能性が高いのです。

いたって単純な話なのですが、それでも塾の選択を誤ってしまうご家庭が多いのには、大きく二つの理由があります。

「友人が通っているから」は危険

一点目は友人関係です。第一章でもこの点について言及しました。

わが子が「友だちの○○さんが塾に通い始めて中学受験の勉強をするんだって。わたしもそこに通いたい」と言い出したのをきっかけに、ご家庭が中学受験自体をそこで初めて意識し、検討される場合がよくあるのです。

しかし、その友人とわが家の「家庭環境」は違います。「友人と一緒だから安心かもしれない」というのは安易な見方であり、塾への選択眼を曇らせるリスクがあるのです。

付言するならば、わが子の小学校の同級生たちがこぞって通う塾というのが近隣にあるかもしれません。ここには注意が必要です。かつて、とある大手進学塾の某校舎の責任者と近隣の小学校の校長が話し合いをしている内容がわたしの耳に入りました。聞けば、塾の成績やクラスの昇降（学力別クラス体制のため、定期的にテストの成績でクラス変動があること）の話が小学校内に持ち込まれ、いじめ問題に発展してしまったらしいのです。

実際、わたしの塾に問い合わせをしてくる保護者の中には、「同じ小学校に通う子がいない塾のほうが良いと思って……」と切り出してくる人もいます（このようなご質問があった場合、個人名はもちろん明かしませんが、同じ小学校の塾生の在籍の有無については回答するようにしています）。

あとは、保護者の友人関係です。いわゆるママ友やパパ友から「あの塾が良いと聞いて……」と、わが子の通う塾を決めることもよく聞きます。とりわけ、「うちの子が第一志望校に合格したのはあの塾の指導のおかげだ」などと「先輩の保護者」から言われると、途端にその塾が魅力的に映るようになるでしょう。しかし、そのご家庭がそこで上手くいったからといって、わが家がそこで上手くいくとは限らないのです。特に中学入試でわが子の結果が「良かった」と心から思えた保護者にとっては、俗に言う「後知恵バイアス」でその塾を「過大評価」してしまう傾向にありますし、その逆も然《しか》りです。

合格実績だけに目を奪われない

塾選びをする際に、その塾が具体的にどの学校に何名の合格者を輩出しているかという「合格実績」を気にされることでしょう。チラシやウェブサイトで難関中学校とされるところに何十名、何百名という合格者数を見ると、素晴らしい塾のように感じられます。

ただし、それらはあくまでも「他人の子どもたち」の結果であり、わが子がその中に入れるとは限りません。それらの合格者の中には、それ以上の数の不合格者がいるに違いないのです。そういうある種冷めた目でこれらの「合格実績」を眺めましょう。

あくまでも、「わが家の環境に合った塾はどこか」という視点で塾探しをしないと、途中で「転塾」を検討せざるを得ない事態に陥ってしまうことが考えられるのです。

わたしの塾に転塾相談で来訪される保護者の中には、今回塾を替えるなら五つ目、六つ目……というケースすら散見されるのです。「渡り鳥」のように幾つも塾を替えたら、わが子が落ち着いて中学受験勉強に取り組めるわけはありません。「ここではないどこか」を探す前に保護者がじっくり考えるべきことがたくさんあるのです。

大手塾に通わなくとも、中小でわが子にとって魅力のある塾だってたくさんあります。江戸川区西葛西《えどがわくにしかさい》の一教場のみで運営する中学受験専門塾「應修会《おうしゅうかい》」塾長の茂山起龍《しげやまきりゅう》先生は自塾についてこう紹介してくれました。

「わたしの塾では入塾テストを基本的にやっていないのです。体験授業に参加して、その子が『ここでやりたい』と思えば受け入れたいと思っています。ですから、『難関上位校に合格できそうかどうか』というのは正直関係ないです。中学受験はいろんな学力層の子がチャレンジしてよい世界だと考えています」

そして、一校舎体制の利点について、茂山先生はこう言い継ぎました。

「うちのような一校舎しかない塾は、もちろん校舎間の異動がない。だからでしょうか、卒業生がふらっと立ち寄ります。大学受験や進路の相談などによく乗っています。わたしのほうも、彼ら彼女たちの通っている学校の様子が細かに聞けますしね。生の情報、貴重な情報が得られます。もちろん、卒業生たちが全員中高時代で上手くいっているわけではない。その手の話って普通はあまり塾に持ち込まれないのでしょうが、うちのように地元に密着していると、保護者が困って相談に来る光景も見られます。そういう一見『負の情報』でさえ、生徒たちの志望校を考える上での参考になります」

わたしの経営する中学受験専門塾「スタジオキャンパス」（東京の自由《じゆう》が丘《おか》と三田《みた》の二教場）の特徴をここで簡単に紹介しましょう。

塾業界は学生アルバイトに依存することが多いのですが、わたしはそれを良しとせず、創業以来、講師全員が正社員という体制を貫いています。派遣社員もいません。講師は二〇名近くいるのですが、平均指導歴は二〇年弱、どの学年、どのクラスであっても、ベテラン講師からの指導を受けられるようにしています。

少人数定員制であり、一クラス一二名を最大人数とし、講師側から子どもたち一人ひとりに目が行き届くようにしています。また、「家庭」と「受験勉強」を分離できるよう、自習室を完備していて、二〇二三年の秋には自由が丘校では「自習専門館」と名付けた三号館がオープンしました。その自習室にはスタジオキャンパスを卒業した大学生・大学院生たちが監督役、質問役として子どもたちに携わってくれています。宿題を終えた子どもたちのために、自習専用プリントを約六〇〇種類用意して、すぐにそれらを取り出せるようにしています。そして、保護者とのコミュニケーションを重視していて、年三回の個別面談のほか、保護者会や勉強会、私立中高一貫校の先生を招いての講演会（二〇二三年は合計三〇校の先生方をお招きしました）などを定期的に開催……。

ここまで書いていて、「おお、なんと素晴らしい塾だろう」と思ってしまいました。

しかし、私たちにも決定的な「弱点」があります。

それは、大手塾と比較して、授業料が高額であることです。全員が正社員、少人数定員制、「お金を生まない」自習室の完備など他塾より多くの費用がかかります。採算を考えるとどうしても単価を上げざるを得ないのですね。

ほんの一例ではありますが、中学受験塾はその塾によって独自のカラーがあるのです。

なお、「大手進学塾」といわれるところだって、その校舎長、そこに勤める講師たちの顔ぶれによって、「校舎」ごとの色があるものです。ですから、「SAPIXはこういう塾だ」「早稲田アカデミーはこういう雰囲気だ」といった決めつけは無意味です。突き詰めれば、わが子がどの「講師」の指導を受けるか、その関係性次第でその塾が良い塾かそうでないかが見えてくるのです。

低学年から塾に通うのがベスト?

塾をはじめて検討される保護者からよく質問される内容は次のようなものです。

「何年生からの塾通いがよいのでしょうか?」

「低学年から始めないと中学受験には間に合わないのですか?」

この手の質問への回答は実に難しいものです。

なぜなら、お子さんの置かれた状況や、それまで学習してきた背景などは千差万別なのですから、一律に「こうしたほうがよい」という正解などありませんから。

一般的には、小学校五年生～六年生の二年間に、中学受験で必要なカリキュラムが網羅

塾通いを始めた年齢

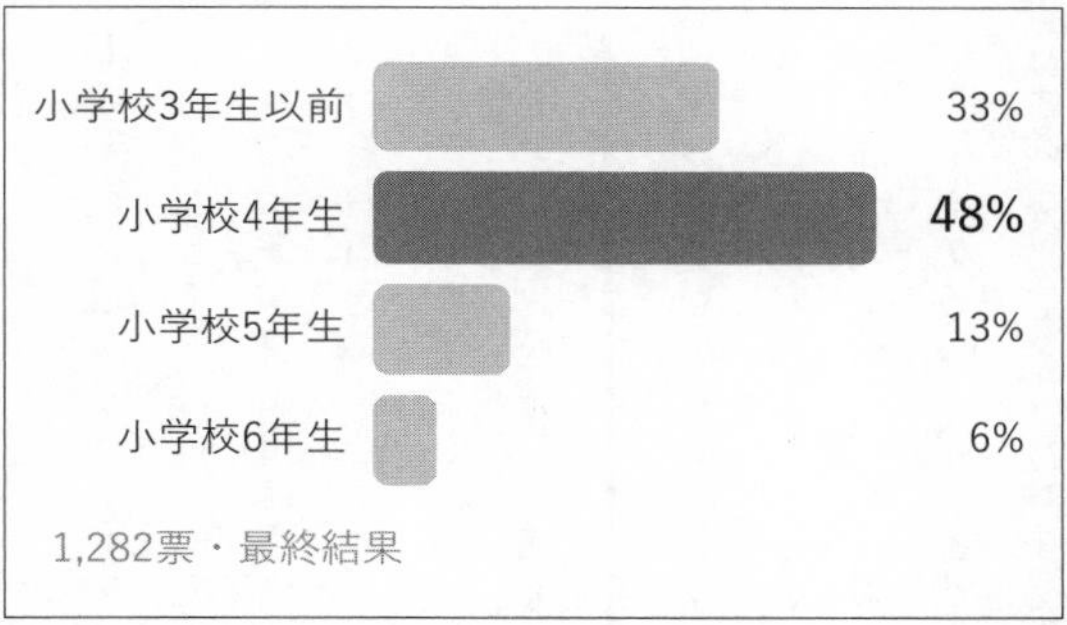

されているものです。ですから、カリキュラム上では五年生からでギリギリ間に合う計算になります。しかし、大半の塾では五年生からの学習ペースはかなり速く、その学習レベルはかなりハードです。だからこそ、受験勉強を円滑に進めるための基礎的な姿勢を身に付けようとして、三年生あるいは四年生から塾通いを始めるご家庭が多いのです。

以前、わたしは自身の「X」(@campus_yano)を用いて、中学受験生保護者を対象に「何年生から塾通いを始めたか」のアンケートをとってみました。計一二八二票が集まったのですが、その結果が上の図です。

これを見ると、約半数が小学校四年生から塾通いを始めていることが分かります。

また、低学年(一年生~三年生)から準備を始めているご家庭の占める割合も随分高いように感じます。

では、中学受験のために早期から塾通いを始める子は、学力面で「有利」に働くのでしょうか?

早期の塾通いはメリットもデメリットもあります。

メリットとして挙げられるのは、塾の学習ペースに慣れたり、早期から宿題に自ら取り組むような習慣を身に付けられたりすることで、のちのち塾に入ってくるライバルたちに差が付けられるという点です。

一方、デメリットとしては、早期から塾の勉強を押し付けることで、わが子が「学ぶことそのものに嫌悪感を抱いてしまう」危険性がある点です。

わが子が先述したメリットを享受できるか、はたまた、デメリットに挙げたような事態に陥ってしまうのか……ここは慎重に考えるべきです。

「そんなこと言われても……」と困惑される保護者もいらっしゃるでしょう。

たとえば、大手塾の一部校舎は小学校一年生から入塾しないと席が埋まってしまい、三年生や四年生からの「途中入塾」はなかなかできないというケースもあると聞いています(最近はこのようなケースは減少しているようですが)。そうであれば、「席を確保」するためにも早期から通わせなければならないと考えるのは当然のことです。

低学年からわが子を塾通いさせる保護者は、二つのスタンスを持ってください。

ひとつ目は、低学年の塾はあくまでも「習い事のうちのひとつ」という位置づけであり、わが子がのんびり学べる環境を構築してほしい点。このことは、子が学ぶことを好きになってくれるための大切な条件だとわたしは考えています。

そして、二つ目は、低学年（一年生〜三年生）と高学年（四年生〜六年生）は、通う塾がそれぞれ違ってもよいという柔軟な考えを持ってほしい点です。本章の冒頭でわたしは「一番良いのは、同じ塾にずっと通い続けられること」と申し上げたのでおかしく感じられるかもしれません。しかしながら、先ほどの発言は、スタートを切る子どもたちが最も集中する小学校四年生からの塾通いを想定しています。

繰り返しますが、どんな塾であれ万人に合うところなど存在しません。低学年に通う塾が「わが子にしっくりこない」のであれば、高学年からは潔く転塾しましょう。

個別指導・家庭教師にご注意

わが子が集団塾に通い始めて一年、二年が過ぎたものの、なかなか成績的に苦戦しているので、どこかの個別指導塾や家庭教師に頼ったほうがよいのだろうか……。聞けば、周囲の同級生たちだって個別指導塾や家庭教師を最近付けているようだ……。そのように思い悩む保護者がいることでしょう。

家庭教師や個別指導塾を頼る前に保護者がすべきことはなんでしょうか。

わたしは「成績不振の具体的な理由」を保護者がちゃんと見出せているかどうかが鍵を握ると考えています。

成績不振の理由といっても、一つに限定できるものではなく、複数に、しかも複合的にあるはずです。それらが「いま通っている塾の指導やシステム」を主たる理由としているのか、わが子や家庭の責任に帰する理由なのかを冷静に分析して欲しいのです。わが子を交えて塾のことや家庭の学習の状況について互いに思っていることをぶつけ合い、学力がなかなか向上しない具体的な理由を紙に書き出してみることをおすすめします。

たとえば、「その日教わったけれど、理解できずにもやもやしていることを塾講師にすぐに質問できない」ということを成績不振の具体的理由に見出したとしましょう。

でも、「その塾の体制」が問題なのか、「わが子の学習姿勢」が問題かによって、話はがらりと変わります。前者であれば「＋α」の指導は事態改善のためには有効である可能性が高いのですが、後者であれば、いくら「＋α」の指導を受けてもわが子が自ら質問する気になれなければその課題は解決できません。

さて、理由を書き出して、もし「いま通っている塾」自体に成績不振の材料があると判断したならば、ここは遠慮せずにその塾の担当講師に直接相談すべきでしょう。

それらの課題を塾側が改善できるよう動いてくれるのか、それとも、システム上などの諸々の理由で無理なことなのか……それを見極めて、家庭教師や個別指導塾を活用すべきかどうかを判断したいものです。

わが子の「課題」が改善できるかどうかは、その課題を把握して、通っている塾の指導法と齟齬《そご》をきたさない教え方をしてくれる講師に出会えるかどうかです。当人の個別的状況に一切目もくれず、独りよがりの指導などをおこなう講師に当たってしまうと、わが子は混乱し、さらに成績を低迷させてしまうことだってあるのです。中には普段通っている塾の講師の指導を直接わが子の前で否定してみせる講師すらいて、一体どちらを信じればよいのか混乱してしまうことだってあります。そんなことにならないために、まずは保護者が直接その講師と面談することをおすすめします。保護者がすぐに面談できない講師であれば、家庭教師や個別指導を「併用」する価値はないと判断すべきです。

ここでちょっとショックなことを申し上げますが、常に「空き」がある講師は、力量のある講師である可能性が低いということです。確かな手腕のある講師は引っ張りだこですから、「空き」が出ることなど滅多にないのです。特に人気の家庭教師は顧客の「口コミ」だけで満席になる傾向にあります。毎年、大々的に「新規顧客」を募っているような家庭教師はその力量を疑ってかかってみたほうがよいでしょう。

そして、「万人の成績が伸長するように導ける講師」もいなければ、「万人の成績を低下させる講師」もいません。

「＋α」の指導を受ければ子どもの成績はぐんぐん伸びるはずだという見方は、厳しい言い方をすると「幻想」に過ぎないのです。個別指導の併用を決断する前に、先述した「課題のリストアップ」をおこなった上で、わが子にどんな「＋α」が必要か、あるいは不必要なのかを、必ず考えてほしいと思います。

首都圏六教場、関西三教場を構える中学受験に特化した個別指導塾「ＳＳ－１」で副代表を務める馬屋原《うまやはら》吉博《よしひろ》先生は、個別塾を併用する上での留意点を説明してくれました。

「個別指導を併用する前に、『わが子に足らないものは何か、わが家にとってのニーズは何だろうか』という点をまず考えてほしいのです。たとえば、中学入試そのもののグランドデザインを一緒に考えてほしいという要望なのか、あるいは、この科目は親として指導ができず、塾でもなかなか苦戦しているようだから、それをどうにかしたいという要望なのか……。そこを明確にした上で、個別指導塾を選んでください。『いまのままでは不安だから』というのはよろしくありません」

馬屋原先生はこう言い添えます。

「もちろん、当初思い描いていたご要望が変化することはあるでしょう。わたしの個別指導塾は保護者がいつでも授業を見学できますし、月に一回は保護者と面談しますから、保護者とのコミュニケーションは担保できていると自負しています。その状況や目的によって柔軟に指導内容を変えていけるように努めています」

オンライン授業は効果があるのか

二〇二〇年のコロナ禍以降、オンライン会議のツールが爆発的に世に広まったことも手伝い、中学受験の指導現場にも「オンライン授業」が入ってきています。

自宅にいながらにして受講できるオンライン授業は便利であるように感じますが、中学受験生にとっては効果があるのでしょうか。

数年前、コロナの緊急事態宣言のタイミングで、わたしは他塾にわが子が通う保護者から次のような相談を受けたのです。

「いま通っている塾はコロナ感染予防のため、夏いっぱいまでＺｏｏｍ（ウェブ会議ツール）を用いたオンライン授業しかおこなわないので、親としてもう耐えられないと思い、こうして面談をお願いした次第です」

その保護者は開口一番、こんな悩みをわたしに打ち明けたのです。わたしの塾は他塾よりやや早めにライブ授業、つまりコロナ以前の集団授業を再開していました。一体その保護者は「何」が耐えられないのでしょうか。話を伺うと、オンライン授業には次のような問題点があると口にしたのです。

①オンライン授業だとわが子の集中力が続かず、学力を伸ばせそうにない。
②リモートワークで自宅にいることが多くなった両親は、わが子の学習の様子が目に入る機会が多くなり、①のような学習状況に苛立《いらだ》ってしまう。
③わが子に注意を与えると「逆ギレ」されてしまい、親子で大喧嘩になってしまう。

そして、その問題点は「発信する側」「受信する側」双方に認められるように思えます。

オンライン授業における「発信サイド」の問題点とは何でしょうか。

知り合いの中学受験塾の講師はオンラインによる双方向型授業に携わっていて、こんな不便さを感じたと口にします。

「授業自体は何とか進行できるのだけれど、困ったのは子どもたちの表情変化が分かりづらいこと。そして、手元が見えないことかな。あと、距離がつかめないからなのか、場を乱してはならないという配慮なのか、授業を良い意味で盛り上げる講師や子どもたちの『脱線』や『不規則発言』がないのも授業の活力を奪ってしまうよね」

わたしもオンライン授業を実践してみて気づいたのは、授業は塾講師だけが「作る」ものではなく、子どもたちもまた授業の「作り手」であるという点でした。

つまり、「双方向型」とは名ばかりで、発信する側（講師）の「一方通行」に陥りやすいのがオンライン授業の抱える課題であるように感じられたのです。もちろん、これが数十人を対象にするものではなく、二〜三人を相手にする少人数授業であれば、話はまた変わってくるのかもしれませんが。

一方、オンライン授業の「負」の面には、「受信する側」にも原因があると感じています。とはいえ、これも子ども本人というより「場」の問題です。

それまで学校や塾という環境に慣れていた子どもたちにとって、自宅が急に学びの場へと変わったことへの心的負担は、大人たちが想像する以上に大きいのではないでしょうか。

心理学者のクルト・レヴィンは、『社会科学における場の理論』（ちとせプレス）で、人の行動はその場のさまざまな要素によって決定づけられ、場が人のモチベーションに与える影響は甚大であると論じています。

これを学校や塾の教室という「学びの場」に置き換えてみると、子どもたちが学ぶことに集中できるのは、「学習環境に集中できる教室」「ライバルとなるクラスメイト」「講師による授業」「さまざまな教材やプリント」といった複合的な要素がそこにあるからでしょう。また、ライブ授業の前後の時間に声かけを子どもにするなどのちょっとした触れ合いも失われてしまいます。ホワイトボードに字を書く音や、遠くから聞こえてくる別のクラス授業での講師の声といったちょっとしたノイズであっても、学びの場を構築するのに役立っていたのかもしれません。

余談ながら、二〇二三年八月に中学受験塾の経営者として思わず背筋の凍るようなニュースが飛び込んできました。大手塾の男性講師二名が共謀して、女子児童を盗撮したり、彼女たちの個人情報を小児性愛者が閲覧するSNSに投稿していたりしたのです。

許されない出来事であるのは言うまでもありません。わたしたちの塾は創業以来、生徒や保護者からセクシャルハラスメントについてのクレームはこれまでに一件も寄せられていないのですが、それでも此度の事件で不安を抱く親子のことを考えて、各教室にネットワークカメラを設置しました。全教室内の動画と音声が設置したサーバーに保存され、一ヵ月経つと自動的に削除されるというものです。

この事件を受けて、塾の中には授業の様子を保護者が自宅からいつでも「監視」できる体制を整えたところもあるようです。しかしながら、個人的には授業の質が低下することにつながってしまうのではないかと案じています。保護者の監視下に置かれている子どもたちや講師は、たとえば、子どもたちの授業を盛り上げるとき、あるいは、子どもたちがそれに応えようとするときに、双方が「遠慮がち」になってしまい、学びの場の活力というものが奪われてしまうように思えてならないのです。

わが子が勉強を楽しめているか

さて、「わが子」に、というより、わが家に「合う」のはどこの塾かという尺度で塾選びをしてほしいと申し上げました。

わたしの考える「良い塾」とは、簡潔明瞭に言えば、「わが子が勉強を楽しめる塾」です。特に、本格的な中学受験勉強がスタートし、塾中心の生活に突入する小学校五年生以前には、子どもたちにそれぞれの科目の面白さや奥深さを堪能してほしいとわたしは考えています。ですから、わたしは自塾のスタッフたちには「小学校四年生までは、科目的な小ネタを織り交ぜて披露することで、子どもたちの笑い声がしょっちゅう漏れ聞こえてくる授業にしてほしい」と指示をしています。

小学校五年生以降はさすがに「楽しい」という思いだけでは乗り越えられない局面を幾つも迎えることになります。しかし、それまでに「勉強というのは楽しいものだ」という経験ができるか否かが肝要だとわたしは考えます。なぜなら、そのような前向きな見方をした経験があればこそ、中学受験勉強に対して自発的に取り組みやすくなるからです。

小学校五年生、六年生の二年間は各科目膨大な知識を身に付けていかねばなりません。そのときに、それらをぐんぐん吸収するための「器」の大きさは、まさに勉強というものに対する子どもたちの「構え」によるとわたしは確信しています。つまり、勉強に対して積極的な姿勢を持てるのか、あるいは、消極的、受け身の姿勢になってしまうのか……。

後者のタイプの子どもたちより前者のタイプの子どもたちのほうが「大きな器」を持つのは間違いありません。この大きな器を自らの内に備えることができるかどうか、それはわが子が勉強を楽しめた経験を持っているかどうかにかかっているのです。

わが子の自立を涵養できるか

お通いの塾の保護者会でこんなことを言われる日が来るかもしれません。

「親が子の勉強を管理していると、子の学力は伸びづらい。早く子離れしてくださいね」

そんなことを言われても、わが子は親の管理下に置かないと要領よく勉強を進められないし、成績が余計に低迷してしまうに違いない。親が一度管理を始めるとその引き際がなかなか見つからないし、その先生の弁は家庭の実情、わが子の幼さを分かっていない理想論ではないか……。

このように困惑される気持ちはよく分かります。

しかし、「親の管理下に置かれると、子どもは伸びない」という塾のことばは決して間違ってはいません。

ここは、事を「ゼロヒャク思考」で対処しないことが必要だと感じます。

つまり、「勉強を完全に塾に丸投げする」のか、「親が徹底的に子の勉強を管理する」のかという二択で考えるべきではないということです。

たとえば、いままでは保護者が朝の漢字テストの丸付けをおこない、直しの指示を出していたが、これからは丸付けと直しは子ども自身でやらせよう……。まずは、そんな些細な変化を起こせばよいのです。

そして、その「小さなミッション」を一つクリアするたびに、わが子が自ら取り組む領域を少しずつ増やしていってやればよいのです。これは先述したことです。

もちろん、わが子が自ら学ぶようにすぐ成長するとは思わないほうがよいでしょう。

サボり癖がつい出てしまったり、ある一つの課題を自らクリアすることがなかなかできずに暴れてしまったり……中学受験の道のりは山あり谷ありでしょう。そこを辛抱強く見守り、時には適切なアドバイスを投げかけていくことを保護者は忘れてはなりません。

そして、小学校六年生の途中くらいから、本当の意味で「塾にお任せ」できるような状況を構築できるとよいのです。自ら学ぶ姿勢を持つ子どもたちはたくさんの知識をどんどん吸収していきます。

中学受験の主体はわが子です。勉強するのも、中高一貫校に進学するのもわが子です。

換言すれば、周囲の大人（塾の講師を含む）は「子どもの学力を『直接的に』伸ばすことはできない」のです。わが子が自ら伸びていくよう、親がいかに間接的な働きかけで導いていくのかを常日頃から熟考しつづけてほしいと願います。

そして、中学受験をするなら、「合格」だけを求めるのではなく、わが子の将来の原動力となる「自立心」を培う好機にしたいものです。ちなみに、わたしたちの塾の教育理念は「自ら教わり育つ、たくましい人間の創造。」です。これを創業時から掲げて塾を運営しています。

新学年の切り替えで親がすべきこと

中学受験塾に通う子たちの大半は、二月、つまり、小学校より二ヵ月早くに「進級」します。たとえば、小学校三年生の子は、二月を迎えると「新小学校四年生」としての学習が塾で始まるのです。

お子さんが塾で「進級」すると、一月まで、すなわち前学年までの学習と比べると、その質量ともに求められるレベルが高くなります。そんな新学年に切り替わる前後の時期、保護者にチェックしてもらいたいポイントは次の点です。

①塾の授業回数、宿題量の変化に応じた「一週間の学習計画」を立てる

新学年の授業が始まったばかりの二〜三月は「分刻み」の綿密な学習計画を立てる必要はありません。たとえば、「火曜日の夕方〜二〇時」は「理科の復習」といった程度でよいでしょう。まずは「ざっくり」とした計画を立てたほうが後々の調整がやりやすくなります。また、子どもたちの息抜きできる「自由時間」をなるべく多く確保しましょう。

②学習レベルの変化を確認する

前の学年と比較して、各科目の学習のレベルはどう変化しているのかを知るために、教材やノートなどをチェックしてみましょう。よく分からない場合は、塾の担当講師に連絡を入れて、前学年との違い、求めているレベル、優先的に取り組む事柄などをヒアリングしておきましょう。

③この一年の目標数値を時系列的に「三つ」掲げておく

①と②をおこなった上で、必ずお子さんと話し合い、この一年の各科目の具体的な目標数値を時系列的に「三つ」掲げるようにしましょう。おすすめは「夏期講習会前（七月）」

「秋（一〇月）」「学年末（一月）」に分けて、目標とする塾のクラス（一番手クラスにアップするなど）、各科目の目標点と偏差値、四科目の合計点と偏差値をそれぞれざっくりと決めて、それらを明文化しておくことです。

模擬試験の効果的な活用法

さて、学年を問わず、塾内で、もしくは外部会場で「模擬試験」が数多く実施され、それを受験する機会が何度もあるでしょう。

「模擬試験」というと、各科目や四教科総合の偏差値や順位、志望校の合格判定ばかりが気になってしまうものです。もちろん、結果を注視することも重要ですが、そこばかりにこだわってしまうと「模擬試験」を受験した意味が半減……いや、ほとんどなくなってしまうといっても過言ではありません。

模擬試験の会場で最終科目のテストの終わりを迎えたその瞬間、「終わった〜！」などと歓喜、安堵の声をもらすお子さんがいたら、わたしはこんなふうに声をかけるでしょう。

「おいおい、模擬試験はまだ終わっていないよ。むしろ、これから始まるんだよ」

これってどういうことでしょうか。

大勢の子どもたちが受ける模擬試験は、塾や教材会社がかなりの時間を費やし、またかなりの人手を割いて作っています。つまり、良問揃いの確率が高いといえます。ですから、子どもたちにとってそれは恰好の教材になるのです。

わたしは子どもたちに模擬試験を受験したその日のうちに早速復習（やり直し）をしてほしいと伝えています。当日中に解答解説が配布される模擬試験がほとんどですから、それを参照しながら、「どこを間違えてしまったのか」「間違えてしまったのはどういう過程を踏んでしまったからなのか」をじっくり考えます。その際、「間違い直しノート」を作成するとよいでしょう。解答の手直しに留まらず、間違いの具体的な原因分析を記述したり、もう一度「解き直し」をおこない、そこに書いたりしましょう。

そして、模擬試験の結果表（帳票）とともに、科目別・設問別の正答率一覧表も後日配布される（ウェブ公開される）場合が大半です。この「正答率一覧表」、ちらっと見るだけで真剣にチェックしない人ばかりなのですが、それは実にもったいない話です。その活用法をお教えしましょう。

「正答率一覧表」で分かるのは、その設問の難易度です。すなわち、ミスしたその設問は「ミスしてしかるべきもの」なのか、「ミスしてはならないもの」なのかを判別する材料になります。注視すべきはもちろん後者です。「正答率が比較的高いにもかかわらず、得点できなかった」ものは、子どもの課題がそこに見え隠れしている可能性が高いのです。言い換えれば、「本来の実力であれば得点できる（正解しなければならない）レベル」の設問をチェックすべきです。たとえば、その科目の偏差値が五七の場合、「正答率四〇パーセント以上」あるにもかかわらずミスしてしまった設問は時間をかけて復習しましょう。

親と塾のコミュニケーションは万全か

中学受験塾は季節ごとに「個別面談」を実施するところが多くあります。特に夏期講習会直前は大半の塾で面談の機会を設けているようです。

ただ、塾生数をたくさん抱える集団塾だと面談時間が一五〜三〇分程度と限られている場合があり、保護者が「不完全燃焼」のまま面談を終えてしまうこともあります。

これは塾講師にとっても残念なことです。せっかくの面談の機会なのに、何だか互いに言いたいことを言えぬままタイムリミットが来てしまう……。

そこで、ここでは保護者も塾もハッピーになれる「面談準備」についてお伝えします。

そのために、塾の面談の数週間前から親子で塾や学習面のことを話し合いましょう。それでは、どのような質問を用意すればいいのでしょうか？

①各科目の現状と課題

わが子に各科目の現状をヒアリングして、「上手くいっている点」「上手くいっていない点」を書き出しましょう。親子で認識が違う場合もありますから、そこには保護者から見た各科目の上手くいっている点、そうではない点もメモ程度で記しておくとよいでしょう。

②塾が楽しいかどうか

わが子の塾の各科目の授業の感想や、「何が楽しくて」「何がつらいか」を聞き取っておきましょう。

③志望校について

小学校三年生や四年生であれば具体的な志望校名を考える段階にはありませんが、五年生や六年生であれば、志望する学校の基準（たとえば、部活動で○○部があるところ……など）や具体的な学校名（主として六年生）、志望順位の確認を親子でおこないましょう。

それでは、保護者は「個別面談」で塾にどんな質問を投げかけるとよいのでしょうか。三つのポイントを挙げ、それぞれ簡単な説明を付していきます。

A．各科目の現状と課題のすりあわせ

先ほどの①のヒアリング結果を塾に率直にぶつけて、塾の見立てを尋ねてみましょう。親子の認識と塾側のそれはズレが生じている場合もあるでしょう。でも、それは当然のことなのです。たとえば、算数のある単元に最近わが子が四苦八苦しているようだと親が感じたとしても、それは誰もが苦しむ単元であり、むしろわが子は塾内ではかなり健闘しているという……といった事例もあるのです。塾側の見解を聞くことで親子の認識を改める機会にもなるでしょうし、反対に、親子サイドの弁を耳にすることで、塾サイドが今後の子への声かけなどの対応を変えるきっかけにできるのです。

B．塾では「どんな顔」をしているか

②でヒアリングした点についても塾側にしっかりと伝えて、塾側から見たわが子につい

ても聞いてみてください。子どもたちというのは、「家の顔」「学校の顔」「塾の顔」「習い事の顔」……それぞれ別の顔を（無意識的に）使い分けているものです。面談の場で塾側にわが子はどんな様子で授業を受けているか、友人との関係はどのようなものかを尋ねてみると意外な発見があるかもしれません。これは志望校選びのヒントにもなります。親が「家の顔」だけで「うちの子はこの学校に合うだろう」と判断したことが良くも悪くも覆《くつがえ》されることがあります。そして、「家の顔」についても塾に伝えましょう。塾のほうからもご家庭での様子を知ることで、志望校選びの提案などがしやすくなります。

C．志望校について

親子で話し合った③について塾側に包み隠さずしっかりと伝えてください。学校の偏差値と本人の現時点の偏差値がかけ離れているなどと遠慮する必要はありませんし、担当講師だってご家庭の本心を聞きたいはずです。その上で、塾側がそれらの志望校合格可能性をどのように考えているのか、志望校合格のためにいますべきこと、これからクリアすべきことは何かを教えてくれるはずです。

最終的には、親子と塾が同じ方角に向かって受験に挑むのが理想ですから、腹を割って話をしていくのがいいでしょう。もちろん、現時点の成績が志望校に遠く及ばない場合は、塾側は厳しいコメントをするかもしれませんが、それもわが子のことを思っての切言なのだと素直に耳を傾けてほしいと思います（親に対して「言いづらい」ことを率直に伝えてくれる講師は「良い講師」だとわたしは考えます）。

このように、保護者サイドが事前に尋ねたいことを整理し、メモを取り、それを手元に置くだけで「まとまった」質問ができるようになるのです。そのメモを目にした塾講師はいっそう気を引き締めて面談に臨むでしょう。

最後に、保護者の皆さんは塾講師サイドにとって、「ちょっと意識高い系」（わたしはこの表現はあまり好きではありませんが）に見られるようにしてほしいのです。別にクレーマーになれと申し上げているわけではなく、塾サイドから「ああ、この保護者はかなり細かい面まで突いてくるタイプだな」と思わせることで、その後の対応がより手厚くなるなんてこともあります。わたしたち塾講師も一人の人間です。どの保護者にも均一の対応などできるはずもありません。塾側にとってほどよく「面倒くさそうな保護者」になることをおすすめします。それは「過保護」とは全く異なる姿勢です。

第四章

氾濫する受験情報

信頼に足る情報、信頼できない情報

序章「中学受験の『理想』を掲げよう」で触れましたが、ブームを迎え、「バズりやすいコンテンツ」とメディアから認知された中学受験の世界には、中高一貫校の教育内容のこと、中学受験塾のこと、併用をする個別指導塾のこと、参考書や問題集の効果の有無、中学受験で親が果たすべき役割……。中学受験に関する多岐に亘る情報が氾濫しています。それでは、ソース別に中学受験情報の信頼性について私見を述べていきます。

①学校説明会・文化祭（学園祭）

「百聞は一見に如かず」です。中高一貫校の情報を得るには、その学校に足を運ぶのが一番です。周囲の評価に惑わされずに、その学校の長短をじっくりと考えられる機会になります。学校説明会では校長をはじめ、教頭や科目主任、広報責任者などから幅広い話を聞くことができます。ただし、そのすべてを重要なポイントとして捉え、メモするのはさすがに難しいでしょう。わたしは保護者には次のようなアドバイスをしています。

「その学校は中高六年間かけてどういう子どもたちを育てようとしているのか？　そこだけに焦点をしぼって説明を聞くと、『見えてくる』ものがたくさんあるはずです。あまりそれが見えてこないようであれば、わが家に合わない学校と判断してよいと思います」

大切なのは、わが子がその学び舎で六年間過ごす具体的な像を描けるかどうかなのですね。「この学校でわが子はどのように成長曲線を描いていくのだろうか」……その点をイメージしながら各校の話を聞くとよいでしょう。各校の教育観を比較してみると、わが子の学校選びのヒントになります。

付言するならば、説明会の時の学校教員の人たちの関係性をチェックするとよいかもしれません。互いの距離が近そう（仲が良さそう）であれば、風通しのよい学校で、何か予期せぬ事態が生じたときに、学校サイドが迅速に動いてくれることが期待できそうです。

啓明館東京塾長の本田直人先生は「良い学校」を説明会で判断する尺度についてこんな話をしてくれました。

「『わが子にとって学校が居場所になりそうか』ということです。保護者がそのように思える学校はきっと良いところでしょう。あと、数々の学校説明会にわたしが出向いて、良い学校だなあと感じるのは、『ウチの在校生たち、こんなにすごいんですよ』と学校側が生徒を自慢できるところ。一方で、『ウチの学校はこんなにすごい取り組みをしているんですよ』を連呼しているようなところは疑ったほうがよいでしょう」

本田先生はこうことばを継ぎます。

「保護者に対してわたしたちが言っているのは、『ウチの子に合っている学校という探し方はしないでください』ということ。学校選びで主導権を握るのは保護者の務めです。『ウチの子が気に入っている』という観点で選択すべきものではありません。小学生が学校選びで確かな目はなかなか持てないのですから。保護者が心から『ああ、いいなぁ』と思える学校をいろいろ調べて増やしてほしいのです。保護者だってわが子の中学入学後はその学校と無縁ではいられません。それこそ保護者会にだって参加しなければなりません
し。『ウチの子に合うか合わないか』という話に戻りますが、いざ入学したら、そこの学校らしい子に育っていきますよ。そういうものです」

次に、文化祭（学園祭）の見学です。これはわが子と一緒に訪れたいものです。「在校生が優しい声をかけてくれた」「○○部の展示発表がすばらしくて、自分もその仲間に入りたい」……そんなふうに、志望理由が文化祭に来たことをきっかけとする中学受験生が大変に多いのです。本気で憧《あこが》れる学校が見出せることで、わが子が自ら受験勉強に専心できるようになるかもしれません。

しかし、保護者サイドにとっては文化祭で得られる情報はさほどたくさんはないでしょ

う。文化祭はある意味「外向けの場」です（内輪ノリの文化祭もありますが）。普段の在校生たちの様子が分かりづらいという側面があります。

わたしがおすすめしているのは、普段の日の「下校風景」を校門の外からチェックすることです（不審者に勘違いされないよう細心の注意を払ってくださいね）。どんな表情で彼ら彼女たちは学校を終えて出てくるのか……それを見るだけで、何となくその学校の雰囲気を察することができるというものです。その風景にわが子の姿を重ねてみるとよいでしょう。

②合同説明会

「合同説明会」とは、複数の学校が一ヵ所に集まり開催されるものです。

合同説明会の良いところは、会場内に数多くの学校がブースを設けているため、いろいろな学校の資料が入手できたり、各校の先生方の声を直接聞けたりすることにあります。「広く浅く」各校の特色を知ることができる。これが合同説明会の魅力です。

この合同説明会のブースでは率直なご質問をぶつけてもよいと思いますし、一対一（家族）という場ですので、先生方も気さくに答えてくれるでしょう。学校の授業や気になっている部活動などについて尋ねてみてもよいかもしれませんね。

先ほど「合同説明会」は「広く浅く」学校を知ることのできる機会だと申し上げました。保護者には「共学校・男女別学校」「進学校・大学付属校」「偏差値の高低」にとらわれずに、いろいろな種類の学校のブースを回ることをおすすめします。それまでは考えもしなかったタイプの「魅力ある学校」に出合えるかもしれません。保護者の学校に対する「先入観」をできるだけ排して、まっさらな気持ちで学校選びを始めたいものです。

③中学受験案内

いろいろな出版社から分厚い「中学受験案内」が刊行されています。それぞれの学校の教育方針やカリキュラム、各種データが淡々と掲載されていて、何だか「無味乾燥」のように感じられますが、このような客観的な記述は案外参考になることがよくあるのです。

一家に一冊お手元に置いておきましょう。わが子がいつの間にか勝手にその案内を眺めて、気になる学校を幾つかピックアップしていた……なんてこともよく耳にします。

④雑誌・単行本・新書

雑誌や単行本、新書などのいわゆる「書籍」で中学受験をテーマにしたものが数多くあります。これらの良いところは、編集者や校閲者による二次、三次チェックがしっかりなされていることが多い点です。

ただ、雑誌の「中学受験特集」はかなり偏りが見られます。「お得な学校」などという場合、出口（大学合格実績）しか尺度にしていない場合があったり、不自然に露出の多い学校があったり（そういう学校はたいていその雑誌に「広告」を出稿しているものです）、ある意味「割り引いて」読むことをおすすめします。

中学受験を題材にした単行本や（本書もそうですが）新書を読むことは、普段指導を受けている塾とはまた違った観点で中学受験を眺めることのできるきっかけとなります。

⑤オンラインメディアの記事

わたしも執筆しているオンラインメディアの記事ですが、読者を増やすために炎上狙いのタイトルを付ける傾向にあります。ですから、タイトルだけで中身を決めつけず、まずは内容に目を通してください（これはわたしからの切なるお願いでもあります）。

また、わたしはその手の記事を書いたことはないのですが、学校が広告宣伝費を新聞社や出版社に支払ういわゆる「企画記事」も散見されます。その場合は、その学校の中身を礼賛することしかできません。これも先の雑誌同様、少し冷めた視点で読むとよいでしょう。

⑥中学受験塾の保護者会

わが子の通う中学受験塾の保護者会にはできるだけ都合を付けて参加したいものです。授業の様子や今後留意すべき学習ポイントなどを直接説明するはずですので、参考になることがたくさんあるでしょう。会の終了後には担当講師をつかまえて話ができることだってあります。

⑦小説や漫画などのフィクション

中学受験ブームが到来するとともに、中学受験を題材にした小説や漫画が幾つも刊行されています。なおかつ、最近のこの手の作品はリアリティを追求するものが多いようです。しかしながら、小説は小説、漫画は漫画です。「エンターテインメント」としてそのフィクションの世界を楽しもうと割り切れるなら問題ありませんが、それがあたかも実際の現場で起こっているように錯覚してしまうことで、中学受験を志すわが子を冷静に見守れなくなってしまうことがあります。ここは気をつけましょう。

SNSの受験情報は玉石混淆

わたしは幾つかのメディア媒体で主として中学受験にまつわる記事を数多く執筆していると申し上げました。小学生に対する中学受験の国語や社会の指導を長年おこなっていたり、数多くの私立中高一貫校を取材していたりする経験を活かして、小学生の保護者がわが子の中学受験に携わる上での参考材料を提供したいという思いがあるからです（執筆料を頂戴し、妻にばれないようにこっそり懐に入れるためでもあります……）。そして、それらの記事の告知や中学受験に関する話題を発信するツールのひとつとして、わたしは「X」（@campus_yano）を活用しています。

「X」には、発信者に対して個別のメッセージを送信し、プライベートな会話も可能なダイレクトメッセージ（DM）という機能があります。

近年、中学受験生の保護者からわたし宛のDMがかなり増えています。寄せられるのは当然中学受験に関する相談ですが、その中で「悪い噂のその真相を知りたい」というネガティブな内容のものが結構な割合で含まれています。たとえば、「○○塾の講師の指導の質はバラツキがあると聞いているのだが、○○校の講師について何か知っている情報はないか」とか「○○中学校では数年前に学内のいじめが頻発していたと聞いたが、それは本当のことなのか」などなど……。わたしはできるだけこれらには丁寧に回答しようと心掛けてはいますが、それにしてもかなりの数に上ります。

中学受験の情報はこんなにたくさん溢れているのにどうして……と思われませんか？

ネット記事やSNS、個人ブログ、そして、周囲のママ友やパパ友、会社の同僚たちなど……中学受験についてあれやこれやの情報が飛び交っています。

先述したネガティブな相談事を見知らぬわたしにぶつけてくる保護者は、これらの情報の精度を自ら判別できないからこそ、他者を頼ろうとしてくるのでしょう。わたしはこれを問題だと指弾するつもりはありません。むしろ、保護者が自身の「目利き」に自信がないからこそ、その道の専門家の意見に耳を傾けようとする謙虚な態度の現れだと評しています。

わたしが危険視するのは、氾濫する中学受験情報の質を深く考えることなく、そのひとつひとつに保護者が右往左往してしまうことです。

たとえば、わが子の受験勉強が入手した情報と齟齬が生じていたときに、保護者が焦ってしまい、それまで続けていたわが子の学習習慣に突然大幅な修正を加えようとしたり、良くない噂に振り回されて、入試直前期になって塾をやめようとしたり、志望校を急遽変更しようとしたりするなどという行動に出てしまうことがあります。こうなってしまうと、受験生本人が混乱し、そのモチベーションを著しく低下させてしまうことになりかねません。

ネット上に溢れる受験情報は玉石混淆です。わたしが観察したところによると、「石」に相当する情報は次の属性を持つものが多いように感じています。

①中学受験生の保護者や、子が中学受験を終えた保護者の発信する情報

自身と同じような悩みを持つ保護者の助けになりたいという純然たる動機での発信かもしれませんが、「N＝1」「N＝2」というせいぜい一人から二人の中学受験経験から導かれたものに過ぎず、その情報やアドバイスがほかの受験生や保護者のためになるとは限りません。とりわけ、「断定」を好むような文体の持ち主の発する情報は疑ってかかったほうがよいでしょう。

周囲のママ友やパパ友が発する情報も同様です。成功譚は美化されるし、失敗談はより誇張される傾向を持つようにわたしは感じています。

また、最近は受験生を持つ保護者同士のつながりでLINEグループなどが作られることがあります。中学入試に対して不安を抱く保護者同士が結束したくなる思いは理解できますが、入試が近づけば近づくほど互いにネガティブな思いをぶつけ合う結果になり、精神的にまいってしまう保護者も中にはいます。なお、同じ性別、同じ小学校、同じような志望校……と「共通項」が多い保護者同士ほどその人間関係がもつれてしまうこともあるのです。このようなグループから身をかわすことも保護者の大切なスキルになります。

應修会の塾長・茂山起龍先生はこのように切言します。

「SNSについては保護者が自身の不安を解消するために、何かを吐き出す場であるのはよいのです。でも、不安を持つ保護者同士が集まって、さらにその不安が膨らんでしまうのは良くないなあと感じています。後者のタイプの方は情報に溺《おぼ》れてしまう傾向にありますから、SNSとの付き合いは慎重に考えたほうがよいでしょう」

個別指導塾SS-1副代表の馬屋原吉博先生はSNSとの付き合い方についてこう話し

てくれました。

「中学受験情報が溢れている中、『よそはよそ、うちはうち』というスタンスが求められます。それでも、不安が拭えなかったら、書籍でもSNSでも誰か信頼できる人を一人見つけて、それを軸にものを考えていくとよいのではないでしょうか」

②SNSなどで危機感を煽る「自称プロ講師」の発信する情報

わが子の中学受験が上手くいくか心配する保護者は多いでしょう。そんな心理を巧みに突いて、何か「特別な策」を講じなければ合格できないといった口ぶりで保護者の不安を増幅させるような「プロ講師」の情報には耳を傾けないほうがよいでしょう。なお、これもまた何かと「断定」するような言い方をする「自称プロ講師」、その中でも顔の見えない匿名の者が発することばには警戒の目を向けたいものです。

加えて、他塾の指導や模擬試験、あるいは問題集や参考書を貶《けな》して「自分アゲ」をするような同業者が見られますが、力量のなさの裏返しでしょう。

中学受験はシンプルに考えよう

ここはひとつ、中学受験というものをシンプルに考えてみましょう。

中学入試の大半は、わが子の在学している学校の成績（内申点）は合否に関係がありませんし、その数値を基準にした推薦入試制度が設けられているわけでもないのです。入試当日のペーパーテストで合格最低ラインの得点が取れたかどうかで合否が判定されるフェアと形容できる世界なのです。

「受験勉強に打ち込む」→「志望校の合格最低ラインを上回る得点をとる」

わが子が中学受験でなすべきはこれだけです。ですから、保護者が有益な情報をいくら集めたとしても、結局はわが子が入試本番で得点できなければ意味をなさないのです。

中学受験の主役はわが子。合格した中学高校に六年間通うのもわが子です。

保護者はわが子が入試本番に向けてどれだけ学習に専心できるか、泰然自若《たいぜんじじゃく》とした姿勢で見守ってほしいと考えます。もし何かの情報を参考にしたいということであれば、誰か直感的に信頼できそうだと思える中学受験の専門家の書籍に目を通すなり、その人の発信する情報を「定点観測」するなりして、それ以外の情報は「ノイズ」として切り捨てることをおすすめします（もちろんわたしでなくてもよいですが）。

そして、わが子が通っている塾の講師を信頼して、些細に思われるようなことであっても、決して遠慮せずにこまめに相談をし、その都度アドバイスを仰いでいくことを心がけてほしいと願っています。

さまざまな情報の中で、志望校についての陰口、通っている塾についてのよからぬ噂を耳にすることがあるかもしれません。しかし、どんな学校、塾でも良いところもあれば、そうでないところもあるのです。学校も塾も所詮「器」のひとつに過ぎないという冷めた視点を持つことが大切になるのですね。

中学受験情報の過剰摂取に要注意です。「過剰摂取」とは英語で言えば「オーバードーズ」であり、その意味するところは「自らの身体、あるいは精神にとって急性の有害作用を引き起こすほどの薬物の使用」となります。ちょっと過激な言い回しですが、それだけ情報というものには細心の注意を払うべきだとわたしは考えます。

繰り返します。中学受験はできるだけシンプルに考えましょう。

第五章
中高一貫校の特徴とその魅力

わが子の通う中高一貫校はどこか？

わが子の中学受験をスタートさせた時点では、具体的な志望校などあまり考えていないのは当然のことです。塾に通い始めたタイミングで、わが子の学力がこのあといかほど伸長するなんて予想できないということもあるでしょう。また、そもそも保護者が地方のご出身である場合は、学校名を耳にしたとしても、どういうところなのかあまりイメージできないでしょうし、その上、首都圏にはあまりにもたくさんの中高一貫校があるため、それぞれの違いがよく分からないということもあるかもしれません。

たとえば、東京都だけにしぼってみてもかなりの数の私立中高一貫校が確認できます。東京都生活文化スポーツ局の公表資料（「令和六年度 都内私立中学校入学者選抜実施要項」／二〇二三年一〇月一一日発表資料より）をチェックすると、東京都で募集をおこなっている私立中学校の総数は一八二校です。

これだけ数が多いとわが子の志望校を一体どう選べばよいのか途方に暮れてしまいそうです。しかし、ご家庭の方針によって志望する学校群の範囲を狭めることは容易なのです。次の三点のフィルターを通せばよいのです。

①共学校か、男女別学校か？
②進学校か、大学付属校か？
③わが子の成績はどうか？

もちろん、③については小学校五年生、あるいは六年生にならないと、どの程度の成績になるのかは見えてはきません。詳しくは第六章「中学受験での親子の関わり」に記述しますが、小学校六年生の秋の模擬試験の平均偏差値に基づいて、「挑戦校」「実力相応校」「安全校」の三つに区分して、わが子の受験パターンの中にそれらを配していきます。

ですから、小学校五年生、六年生以前の段階では①と②のフィルターを通して志望校の候補となる学校をしぼっていくことになります。

共学校か、男女別学校か？

それでは、①「共学校か、男女別学校か？」について簡単に説明しましょう。

先ほど東京都には一八二校の私立中学校があると申し上げましたが、これを形態ごとに分類すると、共学校は八九校（約四九％）、男子校は三〇校（約一六％）、女子校は六三校

（約三五％）となります。女子校が男子校の倍以上存在しているのは意外に思えませんか。ただし、募集人員ベースで考えると、女子校は男子校の約一・五倍となります（男子校のほうが一校あたりの募集人員は多い傾向にあるのです）。そうとはいえ、私立中学校に実際に在学する生徒の男女別の割合を調べると、男子約四七％、女子約五三％となります（令和五年度東京都「学校基本統計」より）。

これをもってしても、私立中学入試は男子よりも女子のほうに門戸がやや広く設けられているといえるでしょう。序章で触れましたが、第一志望校に合格できるのは、男子「約四人に一人」、女子「約三人に一人」とされているのはそういう背景があるためです。

保護者が共学校のご出身だと、「男女が同じ学び舎で過ごすのが健全だし、共学校一択だろう」と決めつけてしまうものです。この弁は言い換えると男女別学校は不健全ということになってしまいます。この点はどうなのでしょうか。

男女別学校の良さ、それは「性差からの解放」にあるとわたしは考えています。男子だけの環境、女子だけの環境というのは異性を殊更《ことさら》に意識せず過ごせる、「人間」同士の濃い付き合いができることを意味しています。たとえば、男子校であれば文化系の部活動に熱中している子で溢れています。女子の目を気にすることなく、張り切って「オタク化」

できるのですね。女子校だって似たような風景が見られます。興味深いのは、高校別の「医学部現役合格率」ランキングに目を向けると、意外に女子校の占める割合が高いのです。「男子は理系、女子は文系」といったジェンダーバイアスが皆無だからこそ、このような結果が生まれたのかもしれません。わたしは数々の中高一貫校を取材していますが、女子校のほうが理系選択の割合が高い傾向にあるような気がします。

進学校か、大学付属校か？

次に②「進学校か、大学付属校か？」という点についてです。

「進学校」とは簡単に言えば、「大学受験を

高校別「医学部現役合格率」ランキング（2023年度）

現役合格率（現役合格数/卒業生数）

1位	桜蔭高等学校（東京都／女子校）	48.48%（112/231）
2位	暁星高等学校（東京都／男子校）	39.49%（62/157）
3位	白百合学園高等学校（東京都／女子校）	33.96%（54/159）
4位	聖光学院高等学校（神奈川県／男子校）	32.75%（75/229）
5位	豊島岡女子高等学校（東京都／女子校）	25.90%（86/332）
6位	北嶺高等学校（北海道／男子校）	25.40%（32/126）
7位	星雲高等学校（長崎県／共学）	25.32%（45/185）
8位	智辯学園和歌山高等学校（和歌山県／共学）	24.72%（60/253）
9位	雙葉高等学校（東京都／女子校）	23.49%（39/166）
10位	愛光高等学校（愛媛県／共学）	21.95%（54/246）

出典：インターエデュドットコム（https://www.inter-edu.com/）

前提にした学校」のことです。その中には先取りのカリキュラムを導入していて、高校二年生で高校の学習範囲をすべて終え、残りの一年間で大学受験に向けた対策をおこなうところもあるのです。また、高校の途中からはたとえば「国立理系」「国立文系」「私立理系」「私立文系」といったクラス分けがされるところも多くあります。

加えて、「○○大学付属○○中学校」という名称ながら、系列大学へはあまり進学せず、実質「進学校」となっている学校も数多く存在します。たとえば、早稲田中学校、立教女学院、学習院中等科、成城学園、成蹊、日本大学第二、日本大学第三、日本大学、東洋大学京北、獨協、國學院久我山、神奈川大学附属、関東学院六浦《むつうら》、東京都市大学付属、東京都市大学等々力、大妻、東洋英和女学院、白百合学園、東京農業大学第一など、すぐに思い浮かんだ学校だけでもこれだけあります。

進学校志望の保護者がその学校の「出口」（いわゆる大学合格実績）に注目するのは当然のことといえます。しかし、東京大学に数十人、早稲田大学や慶應義塾大学に計百数十名の合格者を輩出していたとしても、わが子がそこに入れるとは限らないのです。

わたしは保護者によくこんな話をしています。

「進学校の『出口』をチェックする際は、できれば実数ベースのデータに着目して、学年の『真ん中あたり』の成績に位置していれば、どの程度のレベルの大学に入学できるのかをざっくり確認すべきです」

この点についてちょっと説明を付け加えましょう。

「出口」をチェックする際には、学校側が公表している数値は現役生の実数（実進学者数）かどうかを見てほしいのです。「実数ではない延べ合格者数」しか公表していない学校は疑ってかかるべきです。つまり、一人の優秀な生徒が何校・何学部もの合格を「稼いでいる」可能性があるのです。第一章の「大学受験のために選んだ中学受験」ではこの点について触れていますので、再度読み返してみてください。

進学校とは「大学受験を前提にしている学校」であり、「大学受験の対策をするための学校」ではありません。後者であれば、塾・予備校と本質的には何も変わらなくなってしまいます。ですから、ウェブサイトや学校の広告、学校の掲示などで「〇〇大学〇〇名合格！」などと高らかに謳《うた》っている進学校は、果たして中高生活を子どもたちが楽しめるのか疑問視するべきでしょう。

中高でさまざまな授業や行事などの実体験を通じて、教養面だけでなく子どもたちの精神的な成長を後押しする場でなくてはならないとわたしは考えています。

さて、次は「大学付属校」に移りましょう。「大学付属校」とは字義通りに「系列大学への進学（推薦入学）を前提にした学校」を指します。たとえば、早稲田大学高等学院中学部、早稲田実業学校中等部、慶應義塾普通部、慶應義塾中等部、慶應義塾湘南藤沢中等部、青山学院、明治大学付属明治、明治大学付属中野、明治大学付属八王子（二〇二四年四月より「明治大学付属中野八王子」より改称予定）、立教池袋、立教新座《にいざ》、法政大学、法政大学第二などは系列大学への進学率が八〇パーセント以上です。

これらの学校の教育内容を一括りにすることはできませんが、進学校と比較してゆっくりとした学習進度であり、各科目を深掘りするアカデミックな授業が提供される傾向にあったり、大学受験の勉強を前提としていないためか、行事が充実していたり、部活動に専心する子どもたちが大勢いたりするところが多いように思います。

應修会の塾長・茂山起龍先生は魅力的な学校の条件に次のことを挙げました。

「わたしは『副教科が充実していて、楽しく取り組める学校』はとても良いなあと思うのです。それこそ美術とか音楽とか……。あと、家庭科です。男子校で調理実習が盛んなところは魅力的に感じますね。味噌造りをしたりとか、アジの開きを焼いたりとか……。受験科目の勉強って、それこそ塾や予備校でも学べますが、副教科については学校でなければなかなか学ぶ機会がないですよね。中高六年の中でこういう副教科に全力で取り組むのは意義深いことだと思います。『受験科目しか勉強しない』というのでは、あまりにも学校の使い方としては寂しい」

この茂山先生のことばを聞きながら、大学受験の勉強に捉われることのない大学付属校にはこのタイプの学校が多いとわたしは感じました。

そして、保護者にとっては、中学入試を終えてこの種の学校への進学が決まれば、わが子はほぼ系列大学までのルートが確保でき（学部四年生までの一〇年間）、安心感を抱くことでしょう。これから先、「入試」で家庭内が慌ただしくなることはないのですから。そう考えると、大学付属校は一層魅力的に思えてくる保護者が多いことでしょう。

一方で、わが子の進学する大学を中学入学時点で決めてしまって果たしてよいのかという問題があります。少なくとも国公立大学への道を断つという覚悟が要ります。

また、わが子が高校になってから志そうとする進路に適応する学部学科が系列大学に存在するとは限りません。そうなれば、高校生活の途上で「外部受験」の選択を迫られることになります。しかし、前述のように大学付属校は「大学受験を前提としない」ゆるやかなカリキュラムが構築されていることが多いため、相当な遅れを取りつつ塾・予備校に慌てて通うことになってしまいます。わが子にとってこれはなかなか大きな試練です。

そして、大学付属校の中には「外部受験」を決めると、系列大学への道を放棄したと見なされてしまい、被推薦権が無くなってしまうことだってあるのです。

付言すれば、系列大学への被推薦権を保持したまま他大学を受験できる学校もあります。もちろん、ある一定の成績を学校で収めている上で、というところがほとんどですが。

たとえば、法政大学、法政大学第二は、国公立、私立、学部学科に関わりなく、法政大学の被推薦権を保持したまま他大学受験に挑むことが可能です。ただし、法政大学の学部学科の希望に関しては、法政大学を専願とする生徒から優先となる場合があるようです。

中央大学付属については、国公立大学については中央大学の被推薦権を保持したまま受験することが可能です。ただし、私立大学については、中央大学で学ぶことができないと大学側が判断をした大学学部学科への併願受験は可能としています。系列大学に第一志望となる学部学科がない場合は、外部受験もやむを得ないという判断なのでしょう。

ところが、この反対の学校もあります。たとえば、明治大学付属中野は系列大学の被推薦権を持ったまま他大学を受験する条件として「明治大学に存在する学部学科であること」としています。え？　先の論理に従えば、これはおかしいのではないかと思ってしまいますよね。これには学校側の「言い分」があるのです。同校の先生からヒアリングした内容を要約すると、心から学びたいと思えないものを「第二志望」にするのはやめたほうがよいのではないかということです。言い換えれば、本当に打ち込みたい学問が系列大学に無ければ、被推薦権にこだわることなく、他大学に挑戦せよというメッセージでもあるのですね。わたしはなるほど、そういうことなのかと感心したことを覚えています。

北里大学に付属中高が誕生

二〇二三年一一月二九日、びっくりするニュースが飛び込んできました。学校法人北里《きたさと》研究所と学校法人順天学園が二〇二六年四月一日より法人合併することを目標にする基本合意書を締結したというプレスリリースが公表されたのです。北里研究所は北里大学を有する法人です。北里大学は近代日本医学にその名を轟《とどろ》かす北里柴三郎《しばさぶろう》氏を学祖とし、現在は薬学部、医学部、獣医学部、海洋生命科学部、理学部など八学部を有する大学、そして、六研究科・一学府で構成される大学院があります。名門の医療・生命科学系の大学と形容しても差し支えないでしょう。そして、順天学園は共学の進学校・順天中学校・高等学校（東京都北区《きた》）を運営しています。余談ながら、学祖の北里柴三郎氏は、二〇二四年七月から新千円札の「顔」になります。そういう意味でもタイムリーな発表といえます。

このプレスリリースには「合併後の存続法人は学校法人北里研究所とし、学校法人順天学園が設置する順天中学校、順天高等学校は、合併後も学校法人北里研究所が設置する学校として存続します」、加えて、「両法人の設置校間における教育連携を深めることにより、中学校・高等学校から大学・大学院教育まで一貫した教育環境を提供し、生徒・学生が将来を見据えながら選択できる進路の幅を広げるとともに、長期的な視点に立って優れた人材を育成・輩出することを目指しています」と記載されています。順天のウェブサイトには「法人合併後も『順天』の二文字が継承される」とありますので、ひょっとすると「北里大学付属順天中学校高等学校」という校名になるのかもしれません。

いずれにせよ、北里大学にとっては初の付属校を設置することになります。

大学と中高の合併、系列校化というと新鮮に感じられる保護者がいるかもしれません。しかし、特に珍しいことではなく、近年はこの潮流が加速しているのです。

たとえば、二〇二二年には明治大学と男子校の日本学園（東京都世田谷区）が系列校連携に関する協定を締結し、これにより日本学園は二〇二六年より明治大学の系列校となり、「明治大学付属世田谷」という共学校に変わります。ほかにも、この一〇年だけに目を向けても、青山学院大学が女子校の横浜英和女学院（神奈川県横浜市）を系属校化して校名を「青山学院横浜英和」とし、二〇一八年より共学化しました。同大学は共学校の浦和ルーテル学院（埼玉県さいたま市）をやはり系属校化し、二〇一九年より「青山学院大学系属浦和ルーテル学院」に校名変更しました。東洋大学は二〇一一年に男子校の京北（東京都文京区）を統合、グループ校に組み入れ、二〇一五年に共学校化し、「東洋大学京北」と校名変更、日本大学は共学校の日出（東京都目黒《めぐろ》区）と準付属契約を締結し、二〇一九年より「目黒日本大学」と校名変更など……。そしてこれから先、大学が中高を合併、系列校化されるだろうと噂されている学校が何校かあるくらいです。

大学からのラブコールを受ける私立中高

最近、進学校の私立中高の先生方と話しているとよく聞く話があります。それは、大学側が私立中高に高大連携の「猛アプローチ」をかけているということです。

一例を挙げてみましょう。

女子進学校の三輪田《みわだ》学園（東京都千代田《ちよだ》区）は隣接している法政大学と二〇一五年より高大連携の協定を結んでいて、協働プロジェクトなどを推し進めていましたが、二〇二二年には高大連携に関する協定事業を拡充するとともに、協定校推薦枠を三〇名ほど設けるそうです。これに伴い、同校の高校生が法政大学の講義を早期履修することも可能です。法政大学だけではありません。三輪田学園は二〇二三年に東京女子大学、津田塾大学と相次いで高大連携協定を締結しました。これにより中高生が大学の講座や行事に一部参加できたり、大学教員が中高に出講したりとさまざまな連携事業がおこなわれるようです。

聖心女子大学の姉妹校である不二聖心女子学院（静岡県裾野《すその》市）の先生は、系列大学がありながらも、他大学との連携が近年活発になっていることを語ってくれました。二〇二三年に同校は上智大学と高大連携協定を締結。上智大学の学長による在校生や保護者向けの講演会が開催されたり、夏休みの生徒の学習を現役の上智大学の学生が指導したりしているそうです。なお、「カトリック高等学校対象特別入試」を受験して、二〇二四年度には一七名（指定校の合格者を含めると計一八名）の上智大学の進学予定者を輩出しています。同校は一学年七〇～八〇名程度の少人数教育をおこなっていますから、上智大学への進学率はかなり高いといえるでしょう。

そして、不二聖心女子学院は聖心女子大学、上智大学のほかに、二〇二四年度から藤田医科大学医学部、東京理科大学、慶應義塾大学ＳＦＣ研究所、慶應義塾大学理工学部、東京農業大学地球環境学部、国立音楽大学、多摩美術大学、静岡大学コンソーシアム、静岡大学教育学部との中高大連携プログラム・授業等を実施、予定を公表しました。

いま紹介した二校はあくまでも具体例であり、「特別」ではありません。いま、主として大学側からの働きかけによって高大連携の潮流が続々と生まれているのです。

先ほど言及した上智大学は二〇二三年度にさまざまな中高との高大連携協定の締結を発表。不二聖心女子学院以外にも、女子校の光塩《こうえん》女子学院（東京都杉並《すぎなみ》区）、カリタス女子（神奈川県川崎《かわさき》市）、晃華《こうか》学園（東京都調布《ちょうふ》市）、横浜雙葉（神奈川県横浜市）、湘南白百合学園（神奈川県藤沢《ふじさわ》市）、清泉女学院（神奈川県鎌倉《かまくら》市）、男子校の南山《なんざん》男子部（愛知県名古屋《なごや》市）など、その数は実に約四〇校に及ぶのです。

医学部、スポーツ健康科学部、医療看護学部など八学部を有する順天堂大学はやはり二〇二三年に多くの私立中高と高大連携事業における協定を締結。たとえば、男子校の本郷（東京都豊島《としま》区）、女子校の昭和女子大学附属昭和（東京都世田谷区）、湘南白百合学園（神奈川県藤沢市）、共学校の宝仙《ほうせん》学園（東京都中野《なかの》区）などその数は一二校に上ります。

ある共学進学校の先生は、いまさまざまな私立大学が中高教員を集めて「高大連携」を提案する説明会を開催していることを教えてくれました。この先生は冗談めかしてこんなことを口にしました。

「以前は考えられないことですが、いま、私立中高は大学からモテモテなのですよ」

ほかにも次のような事例があります。

「聖公会」（プロテスタントの一つの教派）のつながりで立教大学と女子校の香蘭《こうらん》女学校（東京都品川《しながわ》区）は関係校であり、立教大学への推薦枠が近年五〇％程度から六〇％程度に拡充されていました。ところが、二〇二三年、立教大学は香蘭女学校の推薦枠を一学年定員分（一六〇名）に広げたことを発表しました。これは同校の卒業生たちの多くが立教大学で優秀な成績を収めていることがきっかけになったそうです。

少子化の加速に焦る大学

さて、大学による中高の系列校化、高大連携などについて具体的な事例を挙げながら見てきましたが、この趨勢《すうせい》の理由については容易に分析できます。

そうです。少子化の加速に大学側の焦りが感じられます。ことばは悪いですが、「青田買い」、すなわち、中高生を安定的に「入学者」として取り込むための戦略なのです。

日本は残念ながら「衰退途上国」と言わざるを得ません。あくまでも、「現時点では」

という注釈付きではありますが。

日本の総人口は二〇〇八年の一億二八〇八万人をピークに減少を続けています。二〇二三年八月に公表された国立社会保障・人口問題研究所「日本の将来推計人口（令和五年推計）」によると、二〇四五年の一億八八〇万人を経て、二〇五六年には一億人を割って九九六五万人となり、二〇七〇年には八七〇〇万人になるものと推計されています。また、〇～一四歳人口については、一九八〇年代初めの二七〇〇万人規模から、二〇二一年以降には一四〇〇万人台と半減近くになっており、二〇五三年には一〇〇〇万人を割り込み、二〇七〇年には七九七万人となる見込みということです。こういう数値を調べていくと、中学受験塾経営者としてはもちろん、ひとりの大人としてぞっとしてしまいます。

二〇二三年一二月には岸田政権は「異次元の少子化対策」の一環として、二〇二五年よりその家庭の所得にかかわらず、三人以上の子どもがいる多子世帯の大学授業料などを無償化する方針を固めたといいます。しかし、個人的には「焼け石に水」だと感じられます。未婚の若い世代に対する配慮があまりにも欠けていて、この政策に効果があるかどうかは疑わしいと思ってしまうのです。

いずれにせよ、大学側が必死になって中高にラブコールを送る理由がお分かりになったのではないでしょうか。

もちろん、「高大連携」の意義についてわたしはそれを否定するつもりは毛頭ありません。中高時代に大学のアカデミズムの恩恵に浴することができる環境の構築は素晴らしいと考えますし、中高生がこの連携事業を通じて学ぶことで、将来の具体的な進路を見出すことだってできるかもしれません。

しかしながら、「高大連携」についてのニュースが流れるたび、本当に皮肉なことではありますが、わたしは「大学」のブランド価値が下がっているように感じられます。そして、中学受験生の保護者はそれを察知しているのです。

最新の中学校種別の志願者動向

この文章を書いているいまは二〇二三年一二月です。わたしの手元に四大模試（四谷大塚・日能研・SAPIX・首都圏模試センター）の受験生（私立中学受験生のほぼ全員が受験していると考えられます）の学校別・日程別の志望者動向データの資料があります。

それを見てすぐに気づくことは、数年前までは人気を博していた大学付属校の志望者数が軒並み減っているのです。

たとえば、早稲田大学高等学院中学部、明治大学付属中野、中央大学付属、立教池袋、成蹊、成城学園、日本大学豊山などは前年比で受験者数が減少するというデータが出ています。一方、受験者数を大幅に増やしている学校は、面接を廃止して受験しやすくなった女子校の学習院女子中等科と、男子校の早稲田、共学校の芝浦工業大学附属くらいです。ただし、早稲田と芝浦工業大学附属は系列大学への進学者数はさほど多くはない「進学校」です。

わが子が大学受験に挑む六年後は「大学受験地図」が大きく変わっているかもしれない、大学の門戸がきっと広がっているだろうと考える保護者が大勢いるからでしょう。

ちなみに、先ほど「数年前までは人気を博していた大学付属校」と申し上げましたが、これは二〇一六年度の大学入試より実行された文部科学省主導による「大学合格者数抑制政策（定員の厳格化）」という地方の大学の救済策が講じられ、一時ではありますが、首都圏の私立大学が一斉に難化しました。さらに、二〇二〇年度より従来の「大学入試センター試験」が廃止され、「大学入学共通テスト」が始まり、その出題内容が当初明確でなかったことや、二〇二四年度（新学習指導要領下で高校生が学び終える年）からの大学入試で課される科目に一部変更があることに不安を抱く保護者が多く、「それならば、中学入学の段階で系列大学の進学を確実にしたい」と考えた結果、大学付属校にその人気が集中したのです。中学受験生の保護者はその時代の受験動向を敏感にキャッチしています。

これから先、中学受験生たちはどのタイプの学校を選択するようになるのでしょうか。

学校は「器」に過ぎないという見方があり、わたしもそれには一理あると思います。

一方で、わが子が六年間過ごす学び舎は、必ずやその「生き様」に良くも悪くも何かしらの大きな影響を及ぼすことは間違いありません。どんな先生に指導してもらえるのか、どんな親友に恵まれるのか、どのような行事や部活動に熱中するのか、どんな分野の学びに興味を抱くのか、将来の進路は何をきっかけにして決めていくのか……。人生はある意味「一択」ですから、「もしほかの学校に進学していたら」と仮定するのはあまり意味がありませんし、選んだ学校、進学した学校がたとえ第一志望校でなくとも親子で満足できるのが一番です。

わが子と進学先について話し合いを重ねながら選定してほしいと願っています。

應修会の茂山起龍先生は、「良い学校とは」と問われて次のような回答をしてくれました。

「わたしが良い学校だなあと思うのは、学校の先生にお会いして、そこに通う卒業生の名を出したときに、『ああ、その子はこんな様子で勉強していますよ』とか『あの部活動に入って、こんな活躍をしています』とすぐに返してくれる学校です。ああ、ちゃんと子どもたち一人ひとりに目を向けてくれているのだなとわたしも安心しますよね」

SS-1副代表の馬屋原吉博先生は、同じ問いに対して、こう話してくれました。

「まずはわが子を育むそのやり方に一本軸がある学校は良いところかなあと思います。あとは、何かトラブルがあったときにすぐに動いてくれる学校、しかも、誰のせいにもしない……。そういう学校もあれば、あえて子どもたちを放置して、本人たちがそのトラブルを乗り越えるよう見守っていく。どっちが良いとか悪いとか、そういう話ではなくて、どちらのタイプの学校が良いのか、ご家庭の価値判断が志望校選びには求められます」

第六章

中学受験での親子の関わり

親子の衝突を避けよう

親「あなた、今回のテストの算数が六〇点だったたってホント？」
子「だって難しかったんだもん」
親「なんで四〇点も取りこぼすの？　ちゃんと復習していたの⁉」
子「復習しているに決まってんじゃん。うるさいなあ」
親「何よその口の利き方は！　こっちは心配しているんだから！」
子「いちいち言われなくても分かってる！　もう黙って！」

これを読んでいる保護者の皆さんは身に覚えはありませんか？「マズい、わが家の話だ……」とうしろめたい思いを抱く方もいらっしゃるでしょう。コロナ禍によるリモートワークが常態化した四年前あたりから、親子で言い争いが絶えないという話を多く耳にするようになりました。

どのご家庭も似たり寄ったりの衝突を繰り返しているものです。しかし、この手の感情のぶつかり合いの直後は互いに険悪な雰囲気になりますし、何よりわが子の学習に対するその日のモチベーションは下がってしまうでしょう。

わたしのこれまでの経験上、どちらかというと父親よりも母親のほうがわが子に対して「感情的」になってしまっているように見受けられます。これは別に母親を責めたいわけではありません。母親の多くはわが子の「弱い部分」ばかりが気になってしまうものです。放っておけない赤ん坊の時分から傍《そば》にぴったりと寄り添った経験が大きいのではないかとわたしは考えています。

これを先の会話に落とし込んで考えてみましょう。わが子が六〇点の答案を自宅に持ち帰ってきたとしましょう。六〇点取れたことを褒めてやれる親は少なく、得点できなかった四〇点分ばかりを責めてしまう親が多いように思うのです。

これまでも何度も繰り返しているように、親子関係にヒビが生じそうになるのであれば、「中学受験勉強」と「ご家庭」を分離することが必要です。

受験勉強に打ち込むのは家庭ではなく、塾の自習室や図書館などを活用するとよいでしょう。

そして、わが子の一挙手一投足がどうしても気になるのであれば、保護者から直接お子さんにその不安をぶつけるのではなく、塾講師からお子さんに忠言してもらうよう働きかけましょう。子どもたちは保護者に対しては「甘え」から反抗的な態度を取るものですが、第三者である塾講師からの忠告は驚くくらい素直に受け入れるものです。

状況がそれらを許さない、つまり、わが子がご家庭の中で中学受験勉強を進めねばならない場合は、勉強内容に無関心なフリをするか前向きな声かけをしてやるか……いずれにせよ、負の感情を押し殺して接することが必要です。

「無関心なフリ」とは、常日頃からお子さんの学習態度やその取り組みについて目を光らせておかねばならないということです。ただし、何か問題や心配事が生じたときは、お子さんに直接イライラや焦りをぶつけるのではなく、お通いの塾の講師などを利用して「間接的」にお子さんにモノを伝えるようにしたほうが効果的でしょう。

休暇期間はわが子の疲れに要注意

中学受験塾にとって新学年のスタートとなる二月から初めて塾通いしたという子どもたちも多くいると思います。塾通いを始めた当初は右も左も分からぬまま無我夢中で日々の学習に励んだ甲斐あって、春期講習会あるいは四月頃からは一週間の学習ルーティンが確立し、塾の学習にもすっかり慣れた……そんな中で「GW（ゴールデンウィーク）」という休暇が入ったり、運動会の練習で疲れがあったり、さらに梅雨時期の体調不良もあったりで、子どもたちの気が抜けてしまうケースが主として夏前によく見られます。

その結果、確立したはずの学習ルーティンが崩れてしまい、勉強に手がつかなくなってしまう。あれだけ張り切っていた塾通いが億劫《おっくう》になってしまう……わが子がそんな状態に陥ってしまったら、親としては「塾のカリキュラムに取り残されてしまうのではないか」「成績が下降の一途を辿るのではないか」など、そんな不安を抱えてしまいます。

このような場合にお子さんを厳しく叱責するのは悪手です。お子さん自身もいまの状態が良くないことは頭では分かっているのですね。ですから、追い打ちをかけるようなことばは、お子さんをさらに追い詰めるだけです。

ではどうしましょう？　簡単です。思い切って「休息」をとることです。

土曜日・日曜日などを活用して家族で温泉なんかよいでしょう。いや、別に遠出しなくたってよいのです。勉強のことは忘れて家でゴロゴロしたり、近所の公園を散策したり、そんなことをしてみましょう。

以前、小学校六年生の男の子で宿題が思うように進められないと頭を抱え、モチベーションが著しく低下したケースがありました。そのタイミングはまさに「ＧＷ」。

そんな様子を見て、気分転換させたほうがよいだろうと考えた保護者が、息子さんの大好きな「電車見学ツアー」を企画したところ、そのあと学習が捗《はかど》るようになりました。

その保護者は「GW期間は割り切って中学受験勉強から解放したのです。時間に追われていつの間にか心に余裕をなくしていたのでしょう。そのあとからは元気に勉強に励めるようになりました」と振り返っていました。

中学受験勉強はその学習内容自体がとても意義深いものです。しかし、小学生にとって、ましてや塾通いを始めたばかりの子にとっては、その質も量も相当ハードなものでしょう。水泳を思い浮かべてください。水の中に潜ったまま何メートルも泳げませんよね。幾度も息継ぎをすることが必要です。そうなのです。中学受験勉強というのは「遠泳」のようなもの。適度に息継ぎをしないと途中で力尽きてしまいかねません。

中学受験勉強の早い段階で「オン」と「オフ」の使い分けを意識的におこなう経験を持つとよいでしょう（「オフ」とは中学受験の世界から「完全」に引き離すことです）。

小学生にとって一年の中で最大の休暇はなんといっても「夏休み」です。塾では「夏期講習会」が実施されます。ここもわが子に注意を払いたいタイミングです。

「夏期講習会も始まったのに、目を離すとウトウトしていて、学習に身が入っていない」

「塾の学習の進捗を確認したら、宿題をサボっているのが発覚した」

「六年生で受験に専念すべきタイミングなのに、うちの子はどうも集中していないようだ」

せっかく時間がある夏休みなのに……と保護者は焦ってしまいますよね。

でも、わたしから言わせると、夏期講習会（夏休み）だからこそ、このような事態が生じやすいのだと考えています。

その最たる原因は「生活の乱れ」です。

夏休みに入る前までは、「小学校の存在」が中心となって、子どもたちの生活リズムを無意識のうちに構築していたのです。ところが、夏休みに入るとそれまでの生活リズムが大きく変化してしまい、それに心身がついていけなくなってしまう、睡眠時間が一定でなくなってしまう……。ちょっと考えただけでも、いろいろな理由が挙げられます。

そして、夏期講習会で日々の学習に追われるがゆえに、親が思っている以上にわが子が心身ともに疲弊している場合もあるのです。

わたしはこれまでの指導経験の中で、次の二つの症状を医師により判断された子どもたちを見ています。ともにお子さんの集中力・注意力が「目に見えて」散漫になったことが気にかかり、それを保護者に相談して発覚したのです。

ひとつ目は「ストレス性睡眠発作」という症状。

この症状を調べてみたのですが、日々のストレスが蓄積されていたり、緊張をたびたび強いられていたりすると、突発的な眠気に襲われ、自分で自分がコントロールできない状態に陥ってしまうというものです。

二つ目は、これと似たような症状ですが、「ナルコレプシー（居眠り病）」というもの。これは一〇代から二〇代前半に集中して発症するもので、睡眠・覚醒リズムの乱れが原因とされているようです。

お子さんの様子を観察していて思い当たる節がある場合は、医師をはじめとした専門家に直接診察してもらうことをおすすめします。

「受験生にとっての『天王山』と言われる大事な時期なのだから……」と保護者が焦ってしまい、わが子を叱咤激励《しったげきれい》したのが裏目に出てしまう可能性もあります。わが子がウトウトしたり、勉強を怠《なま》けているように見えたりするのは、実はわが子の発するＳＯＳなのかもしれないということを心の隅に置いていてください。

中学受験をめぐる友人関係

小学校では春に進級するとともに、「クラス替え」のある子どもたちが多いでしょう。

新しい友人たちとの会話が弾む中、子どもたちが各々の自己紹介をする中で、通っている塾の名前などを口にすることがあるかもしれませんね。これくらいはまだよいでしょう。

しかし、次のような発言に対して皆さんはどう思われますか?

「○○塾に通っていて、最近○○クラス（学力別編成クラス名称）に上がったんだ!」

「俺、第一志望校は○○中学校だよ!」

子ども同士の無邪気な会話と思われる方は、ちょっと待ってください。小学校内で交わされるこの手の会話に要注意です。

それは一体どうしてでしょうか。

現時点では成績が良好だったとしても、いつまでもその状態が続くとは限りません。あるタイミングで成績が一気に下降した際に、成績良好だと思われている周囲の友人と会話することに苦痛を覚えるようになるかもしれません。

志望校の話だって同様です。いま志望している学校を受験するとは決まってはいないのです。あまり考えたくないケースですが、希望する学校にどうしても学力的に届かない場合、第一志望校を変更することだって十分ありえます。そんなときに、「○○くんって○○中学校を狙っているんだよね。すごいなあ」なんて周囲が思い込んでしまっていると、お子さんが苦しい思いを抱えてしまうことだってあるのですね。

ですから、皆さんにお願いしたいのは、この点についての注意を事前に徹底してほしいということです。もちろん、これは六年生だけではなく、それ以外の学年のお子さんも同様です。お子さんと膝を交えて話をする時間を設けてください。

その際のポイントとして、次の「三つの『ない』」を紹介するとよいでしょう。

①自分の受験校・成績を絶対に「言わない」
②他人の受験校・成績を絶対に「たずねない」
③どんなに仲良しでも絶対に「群れない」

この「三つの『ない』」をお子さんに小学校内で守らせるようにしましょう。

中学受験は「個人戦」です。「みんなと仲良く合格を目指そう！」という世界では決してありません。この三項目が守られないと、先述したようにお子さんが精神的に追い詰められる危険性を孕んでいます。あるいは、無意識のうちにお子さんが友人の受験に干渉してしまい、相手の気分を害してしまう場合も考えられます。

こんな話をすると、「でも、友だちからしつこく成績や志望校のことを詮索《せんさく》されたらどう対応すればよいのか」という声が聞こえてきそうですね。

そんなときは、お子さんに「親から小学校内で塾や受験の話は絶対にするなと強く言われているから何も話せないな。ごめんね」というように返答させるとよいでしょう。

また、三番目の「群れない」について補足説明します。

仲の良い友人であっても、「一緒に自習室に行く」とか「一緒に学校説明会に出かける」とか……そんな行動は慎んだほうがよいでしょう。先述したように中学受験は「個人戦」です。たとえば、どちらかの学習が思うように行かなかったりすると、互いに足を引っ張り合う関係になってしまうこともあります。「今日は自習やめて一緒に帰ろうよ」なんて言われたら、なかなか断りづらいですよね。

そして、この「三つの『ない』」を貫徹すべきはお子さんだけではないのです。保護者の皆さんも同様に守ってほしいのです。特に中学入試直前期には保護者同士の軋轢が生じてしまうことがあるのです。これについて説明していきましょう。

親同士のトラブルは入試直前期に勃発しやすい

「ああ、もうすぐ入試の時期が近づいてくる」とちょっぴり不安になったり焦ったりする中学受験生保護者。そのようなネガティブな気持ちになると、自身と同じような境遇に置かれている中学受験生保護者たちにそんな思いをぶつけ合い、共有したくなるものです。

しかし、その行為が中学入試間際で大きなトラブルを引き起こすきっかけになってしまうことだってあるのです。

「先生、相談があるのですが……」

数年前、思い詰めた表情を浮かべ、六年生の保護者がわたしに声をかけてきました。

応接室に入るや否や、その保護者はこんなことを切り出したのです。

「通っている塾は違うのですが、同じ小学校でずっと仲良くしているお母さんがいて……その娘さんも受験生なのですが、最近LINEで執拗《しつよう》にわが子の受験校を探ろうとしてくるのです。何だかとても怖くなってしまって……」

わたしはこんな提案をしました。

「それは心配ですね。それでは、塾側からこんな用紙を渡されて、子どもたちはもちろんのこと、保護者の皆さんもわが子の受験校のことや成績のことなどを一切口外しないように釘を刺されているから答えられない、と説明してみてはいかがでしょうか」

その用紙とは、先ほど紹介した「三つの『ない』」が記載されているものです。

このように中学入試間際の保護者間のトラブルはしばしば勃発します。そして、子どもたちと比べると、親同士のトラブルを解決するのは容易ではないのです。

「わが子が受ける学校を○○くんのお母さんが周囲に言い触らしたのですが、親子ともに精神的にまいっています」

「本当は別の学校を受験したいのですが、付き合いの長い○○ちゃんのママが一緒に○○中学校を受験しようと誘いをかけてきて困っています」

「わが子が○○ちゃんにマウントをとったと、○○ちゃんのママから怒鳴り声で電話が来たのですが……どうすればよいでしょうか!?」

皆さん、わたしの作り話、創作に思えるでしょう?

残念ながら、違います。むしろ、柔らかい表現に差し替えたものがあるくらいです。

同じ小学校、同じ性別、同じ塾、同じ志望校……「共通項」が多い保護者同士ほど、この手のトラブルが勃発しやすいように感じています。

中学受験の主役は誰でしょうか。

もちろん「わが子」ですよね。

そして、原点に返って、中学受験というものをシンプルに「一文」で考えてみましょう。この回答については第四章「氾濫する受験情報」のところですでに明示しています。

「わが子が中学受験勉強に専心して、入試本番で合格を勝ち取る」

そう、これがすべてなのです。

入試直前期で保護者が不安に陥るのは当然のことですし、わたしはそのことを責めるつもりはもちろんありません。ただ、困り事や相談事があれば、それを周囲の「ママ友」「パパ友」に打ち明けるのではなく、お通いの塾の担当講師を頼ってほしいと考えます。

要らぬトラブルは避けて、学力的、精神的に最も伸長する中学入試直前期に、わが子が受験勉強に専念できる環境の構築に努めてほしいのです。

「無関心だった夫が突然介入」となる前に

さて、この二～三年ほど受験生の家庭について、次のような話を耳にすることが多くなりました。一例を紹介します。

中学受験生の男の子がいました。彼は志望校合格を目指して何年もかけて塾通いをしています。従来は母親が息子さんの中学受験のあれこれに関わってきました。学習の進捗状況を確認するのも、塾の講師と面談したり電話でやり取りしたりするのも、そして、受験校を息子さんと話し合いながら決めるのも母親の担当です。父親は息子さんの中学受験にはあまり興味を抱いていないようです。

ところが、父親のリモートワークを機にこのバランスが崩れました。

それまで無関心だった父親が息子さんの受験勉強の様子を目にしたことで、勉強の指導を始めました。それだけならよかったのですが、中学入試本番が差し迫った時期になって母子で決めた「受験校」に口出しするようになったのです。「○○なんて学校は聞いたことがない。高い学費を払ってそんな学校に通わせる必要はあるのか」「パパは○○という学校が良いと思う。知り合いのお子さんが通っていて、とても良いところみたいだ」「どうして通学の想定をしていない一月受験の学校を二校も受けなければならないんだ」「中学受験するなら、偏差値○○以下のところには進学させないからな」……などなど。

先述のように、突如口を挟んでこられて、母子で決めていた中学受験計画を本番間際に搔《か》き乱されてしまう……このようなケースが生じてしまったのです。母子ともに疲れてしまいますし、何より息子さんの受験勉強へのモチベーションが下がってしまいます。

それでは、この手の混乱を回避するために打てる手はないのでしょうか。

まだ何の問題も起きていなかったとしても突然の「災難」に備えて、あらかじめ次のような準備をするべきだと思います。この男の子の例で考えてみましょう。

①息子さんの受験パターンは、父親にすべて伝える。その際にそれぞれの学校の魅力やその学校（一月校など）を受験する意味をしっかりと伝えておく。

②息子さんの中学受験については自分（母親）に一任してほしいと釘を刺しておく。

話を切り出す際には、喧嘩腰になるのではなく、父親にも困ったときには協力してほしいというスタンスで臨んだほうがよいでしょう（人は頼られると弱いものです）。なお、最近はこうした例とは真逆に、父親がわが子の中学受験に携わっていたところ、母親が突然介入してくるようなこともあるようです。また、孫の中学受験が気懸かりな義祖父母が大昔の学校の序列を持ち出し、受験校について口出しするなんてケースも……。

受験校選定の尺度はどういうものか?

小学校六年生は秋になると過去問演習が始まったり、各種の模擬試験がたくさんあったりと、慌ただしい日々を過ごしていくことになります。

ただし、過去問をいつから始めるのかは塾によって違うようです。

啓明館東京の塾長・本田直人先生はこう言います。

「わたしの塾では過去問は一〇月から取り組むことになっているのですが、他塾では夏頃からいろいろな学校の過去問演習が課されると聞いて、保護者がこちらの指示を守らず、夏から過去問を課して、子どもがパンクしてしまうなんてこともあります」

本田先生は溜息をつきます。

「そういうご家庭の子どもたちは、入試直前期で伸び悩んでしまうことが多いのですよ。過去問に取り組むときに大切なのは、合格最低点に到達するかどうかではなく、学力を付けるための『対策』です。でも、得点ばかりに保護者が右往左往してしまい、わが子が肝心の復習に専念できないなんてことがあるのですね」

過去問についてはお通いの塾の指示をしっかり守ることが大切です。

さて、ここからは模擬試験の結果数値をどう読み解いて受験校を選定すべきかを説明していきましょう。

まず、模擬試験の偏差値を見る際に心がけたいのは「単独回」の数値のみに目を向けてはならないことです。

たとえば、九月の模擬試験の四教科偏差値が五四であり、それが一〇月には偏差値五二、一一月には偏差値五六と推移したとしましょう。保護者も本人も一番直近で最も数値的に高く出ている一一月の偏差値を子どもの学力の尺度にしたいと考えるでしょう。

しかし、ちょっと待ってください。模擬試験の成績に多少の浮き沈みがあるのは当たり前であり、各回の成績は「瞬間風速」のようにとらえるとよいでしょう。

つまり、この例で言うと、九〜一一月の三回分の平均偏差値五四を受験校選定の基準数値にするのがよいということです。

話が逸れますが、ここ最近は首都圏における中学受験者数が一気に増えていて、激戦が繰り広げられています。そのためか、「全敗」(幾つも学校を受験したけれど、どこにも合格できなかった)なんていうことばを耳にするようになりました。長い期間かけて中学受験の勉強に励んできた子どもたちの成果が「形にならない」残酷なケースといえるでしょう。

わたしは保護者が模擬試験の数値に基づいて冷静に受験パターンを構築すれば、よほどのことがない限り「全敗」にはならないと考えています。具体的に申し上げると、「挑戦校」「実力相応校」「安全校」を組み合わせた受験パターンにするのです。

模擬試験の数値に基づいて志望校を選定する際、次の目安で「挑戦校」「実力相応校」「安全校」に分類してほしいと、わたしは常に説明しています（平均偏差値／合格率八〇％ラインの表を活用）。

挑戦校……………平均偏差値プラス四以上
実力相応校………平均偏差値プラスマイナス三
安全校……………平均偏差値マイナス四以上

先述の平均偏差値五四の例で言うと、この受験生にとっての挑戦校は偏差値五八以上、実力相応校は偏差値五一～五七、安全校は偏差値五〇以下にマッピングされている学校群となります。なお、模擬試験の志望校判定はやや甘めに出る傾向にあるので、合格率八〇％の偏差値別学校一覧表を参考にしてください。

さて、東京や神奈川の入試は二月一日にスタートしますが、二月三日以降になると定員も少なく、また、一回目入試の歩留まりを勘案して合格者数を調整する学校が多く出てきます。つまり、倍率が読みづらい入試になるのですね。加えて、午後入試はその受けやすさから高倍率になる傾向があります。

先ほど「よほどのことがない限り『全敗』にはならない」とわたしは申し上げましたが、これは「条件付き」です。二月一日午前入試、二月二日午前入試のどちらかに「安全校」を組み込むというのがその条件です。

本命とも言える「一日と二日の午前の受験に安全校を組み込む」という考えに対して、抵抗感を抱く保護者がいるかもしれません。しかしながら、一度中学受験を志すと決めたならば、「ダメなら公立中学校でいいや」とは考えず、「どこかの中高一貫校に進学させる」というスタンスで臨むべきでしょう。この理由については本書ですでに言及しています。

倍率が予想しにくい三日以降や午後入試で安全校を設定するのは危険です。一日か二日の午前のどちらかに安全校を入れて、合格を確実にする設計をお勧めします。

これまでのお子さんの努力が報われる中学受験となるためにも、幅広いレンジで「進学することで親子ともに満足できる学校」を探してほしいのです。

入試直前期は特別なことをしない

小学校六年生にとっては「総仕上げ」のタイミングになると、塾で課されたものだけでなく、受験校の過去問演習やその直しなどで連日慌ただしくなります。

「総仕上げ」という表現を用いました。「総仕上げ」などというと、何か特別なプログラムに取り組むイメージを持つかもしれません。実はここに落とし穴があるのですね。

入試直前期、多くの書店で「総仕上げ用」の参考書・問題集が並んでいるでしょう。「入試直前二〇日間完成！」なんて表記があれば、親としてもついグラッときてしまうでしょう。「あれもやらないと、これもやらないと」という思いが増幅してしまうのですね。入試が差し迫ってきた時期に、その焦りを見透かしたような謳い文句には「藁《わら》にも縋《すが》りたい」思いで飛びついてしまいそうです。しかし、それらは「藁」に過ぎないのです。

考えてもみてください。入試直前のたった二〇日間で「完成」できるのであれば、何年もかけて受験勉強などしなくともよいですし、塾すら不要でしょう。それらのお手軽なキャッチコピーは本を「売る」ための「煽り文句」に過ぎません。

わたしは入試直前期に心がけたいことのひとつとして、「いかに特別なことをやらないかという努力」があると考えています。つまり、新しい教材に手をつけるよりも、今まで学習した教材の復習を徹底的におこなってほしいということです（社会の時事問題集や志望校の過去問などはもちろん例外です）。

名の知れた塾の教材であれば、それらをしっかりとやり込めば、大半の学校で合格ラインを超えるように作られています。

こんなことを申し上げると、「でも塾で使っている社会のAという教材に載っていなかった用語が、市販のBという教材には掲載されていた」なんて戸惑う声もありそうです。でも、それらの用語ってどの程度の数でしょうか。大した数ではないと思いますし、反対に教材Bには載ってはいないが、教材Aに登場する用語もあるはずです。

入試では確かに「微に入《い》り細に入り」といった性質の問題が盛り込まれることだってありますが、そもそも合格するためには何割取ればよいのでしょうか。やや高めに見積もっても七割得点できればたいていは合格できるはずです。あれやこれやの教材に手を出して「完璧」を求める必要などないということです。

それでは、この「総仕上げ」の時期に強化しなければならないことは何でしょうか。それは次の三点です。

①苦手な教科・苦手な単元の基礎知識の総整理
②受験校の過去問とその直し
③普段通っている塾の復習

入試間際になると、なぜか得意教科をさらに伸ばすための学習に取り組もうとする子が多いのですが（現実から逃げているという側面があるのかもしれません）、強化すべきは間違いなく苦手な教科、苦手な単元にほかなりません。考えてみてください。八〇点を九〇点にするよりも、五〇点を六〇点にすることのほうが現実的で「楽」ではありませんか。「一〇点伸長した」という事実はどちらも変わらないのです。

今まで学習してきたことを信じて、それらの内容の総確認をおこない、抜けがないか確かめる。この当たり前の作業を繰り返すことが合格への一番の近道です。

塾講師の「入試応援」がないいま、親ができることは？

二〇二〇年度の中学入試までは入試実施校の校門周辺には、自塾に通う中学受験生たちに声をかけようと大勢の塾講師の姿が見られました。わたしたちの業界ではこれを「入試応援」や「校門激励」などと呼んでいます（以下「入試応援」に表記を統一します）。

ところが、コロナ禍の影響で、この入試応援をほぼすべての塾で自粛することになりました。二〇二四年度以降も引き続きこの光景は見られなさそうです（多くの私立中学校より各塾に向けて「応援自粛要請」が出ていますし、幾つかの大手塾の幹部が入試応援の「風習」をやめようとしています）。わたしの塾は二〇二一年度入試以降「Ｚｏｏｍ」を活用し、入試当日、受験生たちに画面越しに応援するスタイルをとっています。

さて、現地での入試応援をおこなっていたとき、わたしはどのようなことを考えて、受験会場にやってくる子どもたちに声をかけていたのでしょうか。

簡単に言うならば、「良い精神状態で入試本番に臨んでもらうため」に子どもたちの表情や一挙手一投足に目を向けながら、その様子に応じて声をかけていたのです。

緊張している子にはほどよくリラックスできるように「試験問題を焦ってめくらず、まずは深呼吸してからゆっくり問題冊子を開けるようにしよう」とか「この中学校は過去問でしっかり合格点がとれているのだから、自信を持っていこうね」など……。反対にちょっと気持ちが緩《ゆる》んでいそうな子には、「この学校を第一志望校に今日までがんばってきた受験生が大勢いるんだよ。油断したら手痛い目に遭うからね」とか「あそこにいる子、かなり緊張しているね。そのくらい気持ちを高めていかないとケアレスミスをたくさんしちゃうよ」などと激励の声をかけるようにしていました。

ここまで書いていてずいぶん昔のことを思い出しました。

一五年以上前のことです。二月一日の朝、わたしは「女子御三家」のひとつ、女子学院中学校を受験する受験生への入試応援に出向きました。

すると向こうのほうからわたしの指導している女の子がやってきました。

何だかその様子が変です。

彼女が近づいてきて理解できたのですが、入試本番を目前にして彼女は不安で泣きじゃくっているのです。足取りもふらふらで体にまったく力が入っていないようでした。付き添っていた彼女のお母様もどうしていいか分からずに動揺しているようでした。

彼女にとって女子学院は、模擬試験でただの一度も合格可能性五〇％以上の結果を出したことはない「挑戦校」です。そう、彼女は入試会場に入る前から気持ちが「負けて」いたのです。緊張している……というより全身が弛緩しているような感じに見受けられました。

このふらふらの状態で入試会場へ入れるわけにはいかない……そう考えたわたしは、彼女を呼び止め、まずは気持ちを引き締めようとこんこんと説教をしました。ようやく落ち着きを取り戻したときを見計らって、今度は彼女とふたりでしゃがみこんで一教科目の国語の具体的な指示を出しました。

最後は笑みがこぼれた彼女をわたしは「行っておいで！」と送り出したのです。

結果は合格。これをわたしの手柄だと誇るつもりはもちろんなく、彼女のがんばりが報われたのでしょう。しかしながら、あのふらふらとした状態で入試に臨んでいたら、良くない結果が待ち受けていたのではないでしょうか。

わたしは塾講師としての立場から、いまはもう無くなってしまった入試応援についてなぜここで言及しているのでしょうか。

それは塾講師がこれまで果たしていた務めを、保護者の方にバトンタッチしたいと考えたのです。

先ほどのふらふらになった女の子を例に挙げましょう。

わが子がもし泣きじゃくりながら第一志望校の入試会場までの道をふらふらと歩いていたら、親としてどんな声をかけるべきでしょうか。本人はまさに「地に足がつかない」状態なのですから、まずは「地に足がつく」よう、一度立ち止まって、元気よく前を向けるような具体性のある話をしてやってほしいと思います。

繰り返しになりますが、緊張している子にはほどよくリラックスできるように、反対にちょっと気持ちが緩んでいそうな子にはビシッと叱咤するようにしてください。

これに関連する話を最後に付け加えたいと思います。

入試本番が近くなると、(比較的幼いタイプの男の子に多く見られるのですが)日々の言動を観察すると、なんだかヘラヘラとし始める子が必ずといっていいほど見られるようになるのです。どうしてかお分かりになりますか。彼ら彼女たちがヘラヘラしているのは「不安」と「緊張」の裏返しなのですね。これを放置してはいけません。入試直前の勝負どころであること、ここが踏ん張りどきだ……そんな真剣な話を面と向かってしてほしいと願います。このような場合、普段お通いの塾の講師に連絡をとって、わが子と面談する機会を作ってもらうのも効果的です。

第七章

中学受験のお悩みQ&A

多岐に亘る保護者の悩み

わたしはかつて『中学受験のお悩み相談室』という連載記事を某媒体で執筆していました。また、近年は新聞社主催のオンラインセミナーという形式で、これまた「中学受験相談室」を定期的に開催しています。ともに驚かされたのは、わが子の中学受験について、また、それに関する諸々の悩み事が数多く寄せられることです。

わが子の中学受験について保護者の抱く悩みや不安というのは、周囲の知人や塾講師に対し、打ち明けるのが憚《はばか》られるのでしょう。

わたしのもとに寄せられた相談内容は多岐に亘ります。わが子の成績低迷に関することはもちろんのこと、志望校選びのことであったり、わが子のモチベーションの昇降についてのものであったり、通っている塾への不信感や疑問であったり、あるいは、わが子の中学受験に非協力的な伴侶の愚痴であったり……。

本章ではこれまでわたしが対応してきた相談内容と似たものを自ら創作した上で、それらのお悩みに対してひとつひとつ回答するという形式で進めていきます。順序としては、前半が主として低学年、後半が主として高学年の子をお持ちの保護者からの質問となるようにしています。回答内容には序章~第六章で言及したものと重複しているものが幾つも見られると思いますが、その点はご容赦ください。大切なことは何度でも繰り返して申し上げたいのです。

中学受験スタートにわが子の意志は必要？

Q　小学校二年生の息子がいます。主人もわたしも、子どもにできる限り良い教育環境を与えてあげたいので、いずれは中学受験をしてほしいと思っています。無理強いはせずに子どもが自ら受験したくなるように働きかけるにはどうすればよいでしょうか。

A　おっしゃるように塾通いを始めた息子さんが親に「無理強い」をさせられたと感じてはならないと思います。中学受験勉強は順風満帆にはなかなかいかないもの。苦手分野に出くわしたり、スランプに陥ったりしたとき、「ぼくは（親によって）塾に通わされているのだ」とお子さんが思い込んでしまっていると他責的になってしまい、受験勉強の途中で挫折してしまうことだって考えられます。

とはいえ、息子さんはまだ小学校二年生。自らの意志で中学受験を選択するのはなかなか難しいのではないでしょうか。

わたしはいままで多くのご家庭と接してきましたが、子が中学受験を自ら熱望したからというよりも、保護者からの働きかけでお子さんが中学受験勉強を始めたケースのほうが圧倒的に多いのです。わたしはそれで一向に構わないと思います。

親の誘導で始めた受験勉強であったとしても、高学年になる時分には、「自分のための受験」という意識がたいていのお子さんにしっかりと芽生えています。ただし、お通いになる塾については息子さんが「自らそこを選んだ」と思わせることが必要です。

いまはほとんどの塾で入塾前の授業体験をおこなっています。

まずは、お母様やお父様が息子さんの通塾候補となる塾をいろいろと探してみてください。直接、その塾に足を運び、その塾の教育方針、指導方法、教材やカリキュラムなどの説明を受けたり、その塾の雰囲気を感じてみたりした上で、(できれば複数の)良さそうな塾の体験授業を息子さんに勧めてみることです。

その際、留意したいこととしては、息子さん自身に塾を選ばせること、いや、息子さん自らが選んだように錯覚させることです。もちろん、お母様、お父様のご意向もあるでしょうから、「〇〇塾の先生たちってとても雰囲気が良かったね」とか「〇〇塾だと成績がぐんと伸びそうだね」とか……そんな多少の誘導はあってもよいでしょう。

いずれにせよ、息子さんが「○○塾に通いたい」と自ら発言することが大切です。

中学受験勉強は順風満帆にはいかないものです。何かあれば「塾をやめたいなあ」と安易に口にすることだってあります。そんなときに、親が「あなたが自分で通いたいと言い出した塾でしょ」とビシッと言えることが大切なのです。

最後に、老婆心ながらちょっと気になったことを……。

ご質問の中に「子どもにできる限り良い教育環境を与えてあげたいので、いずれは中学受験をしてほしいと思っています」とあります。しかしながら、公立中学校の教育を否定するような物言いで受験を後押しするのは避けたいものです（もちろん魅力ある私立中高一貫校がたくさん存在するのは間違いありませんが）。たとえば、経済的事情などで中学受験したくてもできない子どもたちも大勢います。あるいは、ご家庭のスタンスとして中学受験をあえて選択せず、高校受験の道をお考えの方だっていることでしょう。

首都圏（一都三県）の中学受験率（二月一日午前入試の受験者数ベース）は約一五％です。首都圏であっても（私立の）中学受験に挑む子どもたちは六〜七人に一人しかいないのです。ですから、「中学受験は無理して足を踏み入れなくてもよい世界」です。そういうある種「冷めた」視点で息子さんの中学受験勉強を見守ることが大切です。

親に中学受験の経験がなくても大丈夫？

Q　小学校四年生の子を持つ母親です。わたし自身、中学受験の経験がありません。夫は中学受験の経験はあるものの、よく覚えていないし、いまとは状況が違うだろうと口にしています。親子で話し合い、わが子を中学受験に向けてがんばらせようということになりました。

しかしながら、中学受験経験のないわたしとしては、わが子に何をしてやったらよいのか見当もつかず、どういう態度で臨めばいいのかも分かりません。中学受験をしたことのない親が子の中学受験に対してどのように接すればよいのか、教えてください。

A　結論から申し上げると、中学受験に臨む子どもの保護者が同じように中学受験経験者である必要はありません。むしろ、中学受験経験者は自身の先入観を変えられず、いまの中学入試の姿をなかなか受け入れられない場合だってあるのです。

ですから、親に中学受験の経験がないからといって、わが子の受験で不利に働くようなことはありません。保護者世代が小学生だった頃と比較すると、いまの小学生の中学受験率のほうが高いですし、選べる学校の数も増えています。そう考えると、親が中学受験未経験者であることは普通のことであり、劣等感を抱くことではありません。

わたしの手元には一九八五年度と最新の二〇二三年度の「学校別偏差値一覧表」（192ページ）がありますが、三八年前といまでは学校の形態も序列も大きく様変わりしています。

たとえば、かつては難関校の一角に位置していた学校が、いまは不人気であったり、反対に、かつてはレベルの低かった学校が、いまや難関校として多くの受験生の憧れの対象だったりします。また、以前は算数・国語の二科目で受験できる学校がたくさんあったものの、いまは四科目が主流になっていたり、あるいは、ちょっと変わった形態（英語入試や作文、自己PRなど）の入試制度を導入していたりします。そういえば、午後入試や当日の合否発表、ウェブ上の出願などもかつては存在していませんでした。

中学受験の指導に長年従事しているわたしでさえ、これらの変化の目まぐるしさを実感しているのですから、保護者にとってはなおさらその変化にびっくりさせられるでしょう。

ですから、お父様のおっしゃる「いまとは状況が違うだろう」ということばはその通りです。お父様は子の中学受験に際して現状に即した冷静な見方をされるのではないかと、わたしには頼もしく感じられました。

首都圏・偏差値上位校の変化《男子編》

偏差値	1985年度	2023年度
73	開成　筑波大駒場	筑波大駒場(74)
72	武蔵　栄光　慶應普通部	開成
71	慶應中等部	聖光学院①
70	麻布	渋谷教育幕張①
69	駒場東邦　学芸大世田谷　筑波大附	
68	聖光学院　巣鴨　学芸大竹早	麻布
67		渋谷教育渋谷①
66	早稲田　桐朋　暁星	栄光　筑波大附
65	学芸大大泉	駒場東邦　武蔵　慶應湘南藤沢　慶應中等部　早稲田①　早大学院　市川①
64	学芸大小金井	浅野　早稲田実業　海城①
63	海城	
62	早稲田実業　立教	
61		広尾①　東邦大東邦(前)
60		芝①　本郷①　明大明治　サレジオ学院A

首都圏・偏差値上位校の変化《女子編》

偏差値	1985年度	2023年度
73	慶應中等部	
72	学芸大世田谷　筑波大附	渋谷教育幕張①
71		桜蔭　慶應中等部
70	桜蔭　女子学院　お茶の水女子大附	豊島岡女子学園①　女子学院　渋谷教育渋谷①　筑波大附
69	フェリス女学院　雙葉	
68	白百合学園　青山学院　学芸大竹早	早稲田実業　慶應湘南藤沢
67		雙葉　市川①　洗足学園①
66	東邦大東邦　東洋英和女学院	
65	学習院女子　立教女学院　晃華学園　学芸大大泉	浦和明の星　青山学院
64	日本女子大附　成蹊	吉祥女子①　お茶の水女子大附　フェリス女学院　広尾①　東邦大東邦(前)　白百合学園①
63	学芸大小金井	明大明治
62	聖心女子学院	鷗友学園女子①
61	共立女子	頌栄女子学院①
60	横浜雙葉	立教女学院　東洋英和女学院A　栄東　中央大学附属　学芸大学附属世田谷

出典：四谷大塚 2023 年度結果偏差値　※合格判定 80%ラインの偏差値。

習い事と中学受験の両立は可能？

Q　娘は小学校五年生です。今月から受験塾に通い始めました。ただ、五歳のころからずっとピアノを習っており、毎週金曜日はピアノのレッスンに行きます。娘にとってピアノは生き甲斐になっています。わたしは六年生になってもピアノをやめさせるつもりはなかったのですが、お友だちのお母様から受験を考えるならそれはちょっと甘いのではないかと言われてしまいました。中学受験と習い事を両立させたいという考えは甘いのでしょうか。

A　五歳からピアノを習っているということは、娘さんは今年でピアノの演奏歴は六年目になるのですね。一度鍵盤から離れてしまうと、元の演奏レベルに戻るのはかなり時間を要します。そのようなことも勘定に入れると、娘さんがピアノを好きならば、中学受験のためにそれを中断する必要は一切ないと考えます。

わたしは習い事と塾を両立しながら受験勉強に励んだ子どもたちを多く見てきました。

たとえば、わたしの塾の卒塾生たちを例として挙げてみましょう。

六年生の初夏まで少年野球チームの主軸だった子は第一志望校の早稲田中学校に合格し

ました。同様に、六年生の秋口まで少年野球チームのエースとして活躍した子はこれも第一志望校の明治大学付属中野中学校に合格。アーティスティックスイミングの強化選手として最後の最後まで週三回のハードな練習をこなしながら塾通いしていた女の子は第一志望校の学習院女子中等科に合格、六年生の一二月にバレエの発表会で主役を務めた女の子は頌栄《しょうえい》女子学院中学校に合格しています。いずれも難関校と形容できる学校です。

ただし、このようなハードなスケジュールをこなすためには、隙間の時間をフルに活用して勉強に励まねばなりません。それは並大抵ではない精神力を必要とします。

もちろん、この事例以外にも週一回程度の習い事であれば六年生になってもやめずに続けていた子をわたしはたくさん知っています。

何かに一意専心できた経験のある子、努力による成功体験を積んできた子は中学受験でも強い傾向にあるように感じています。習い事と塾を両立させるために限られた時間を有効に活用できる術《すべ》を身につけていた子が多かったからでしょう。換言すれば、時間が有限であることを人一倍感じながら中学受験勉強に打ち込めたと見ることもできます。

「受験勉強のために……」と親がよかれと考えてピアノをやめさせたとしても、わたしはそれで娘さんの受験勉強が捗るようになるとは到底思えません。モチベーションが低下してしまい、かえってよくない結果を招いてしまう可能性が高いように思います。

カンニングに手を染めるわが子にショック

Q　小学校四年生の息子がおります。大変恥ずかしい話を打ち明けるのですが、どうやら息子は隣の席の子の答案をカンニングして得点をごまかしているようです。このような姿勢では中学受験自体あきらめたほうがよいのでしょうか。

A　こんにちは。わが子がカンニングしているなんて聞いたらショックを受けるその気持ちはよく分かります。

さて、わが子が「不正行為」を働いたら保護者はどうすべきかについて私見を語ります。実はこの手のご報告やご相談は案外よく寄せられる類のものです。

中学受験勉強における「不正行為」は幾つかに分類できます。

①テスト中などに隣席の子の答案を覗き見る、つまりカンニング行為を働く。
②宿題に追われるあまり、解答を丸写しして提出する。

③先生の解説を聞いた後に自分の誤答をすばやく消しゴムで消して、正解を記す。

この中で一番「根が深い」場合が多いのはどれだと思われますか？
①でも②でもなく、実は③だとわたしは考えています。どうしてでしょうか？
わたしはよく塾生たちに口を酸っぱくして言うことがあります。それは「塾は間違えにくる場である」ということです。

このたとえ話をすると子どもたちはすぐにその真意を理解してくれます。

「では、六年生のみんなにこれから小学校一年生用の漢字確認テストをする。もちろん全員が満点だ。このテストを実施することでみんなの成績は上がると思う？」

当然、全員がかぶりを振ります。それはそうですよね。

なぜ、学力が向上するのか？　それは、「分からないことを知って、それができるようになる（定着する）」からなのですね。

わたしが言わんとすることはもうご理解いただいたでしょう。

そうです。③の「不正行為」を働く子は、自らの分からないところから目を背けてしまっているのです。現実逃避と言い換えてもよいでしょう。保護者がその形跡を発見したならば、間違えることを恐れない、いや、むしろ正々堂々と間違えることが成績向上の第一歩だということを言い聞かせてほしいと考えています。

それでは、①と②についてです。両者ともに「根が浅い」場合が多いといえます。

②についてですが、これは宿題に追われているという「焦燥感」からついやってしまうことがほとんどです。ですから、この場合は宿題を日々計画的に取り組むスケジュール作成が必要不可欠です。そのやり方についてはこれまで再三述べてきました。再度それらを見返してほしいと思います。

最後に、今回のお悩みの①についてです。

なぜ、子どもたちは不毛なカンニング行為に走ってしまうのでしょうか。その主たる原因は次の通りです。

一つ目は保護者に少しでも良い得点を見せたいという虚栄心です。これはテストの結果が出るたびについ一喜一憂してしまう保護者のお子さんによく見られる傾向です。保護者はわが子にプレッシャーをかけすぎていないかを自問自答しましょう。結果を求めて焦ってしまうその気持ちはよく理解できますが、意識的に感情を抑えてわが子にどんなことばをかけるべきかを考えたり、周囲（たとえば、お通いの塾の講師など）に相談してわが子との付き合い方を見直すきっかけにしたりするとよいでしょう。

二つ目は意外なことにちょっと「前向き」な理由です。それまで得点することに関心のなかった子が、急に「結果」を求めるようになるとカンニング行為に走る場合がよくあります。わたしは、これは受験生としての成長の一過程でもあると考えていますので、カンニングそのものに何も意味がないことを子に正面から説明すればすぐに解決できるケースです。カンニングをする理由で最も多いのはこのタイプかもしれません。

わたしは長年、中学受験指導をおこなっていますが、カンニング癖がついてしまっているような子でも、受験期になると徐々にそんなことに手を染めなくなってくることがほとんどです。「この学校に進学したい」と心から合格を願う学校が出てきたら、不思議なことにカンニング癖はすっと無くなっていくもの。合格のために不正行為など何の意味もないことを子どもたちは知るのですね。

関東で「一番」の塾を退塾すべきか?

Q　小学校四年生の息子がいる父親です。いま三年生の二月から通い始めた大手塾を退塾するか

どうか迷っています。最初に入ったクラスは上位クラスでした。しかし勉強のレベルが上がり、塾の復習がままならなくなり、成績はずるずると下がり、下のほうのクラスまで転落しました。母親が一緒に勉強に付き添い寄り添うも一向に学習内容が身につきません。勉強が楽しくない気持ちが現れ、ゲームを早くやりたいという義務感にかられて勉強をしているように見えてきたくらいです……。このようなやりとりや傾向は昨年秋あたりから顕著に出始めてきたように感じます。しかし、本人は塾をやめたくない。理由は関東で一番の塾だからと、そんなプライドだけで続けている状況です。どうかアドバイスをお願いします。

A　息子さんの置かれている状況がよく分かりました。

結論から申し上げます。いますぐその塾を退塾しましょう。

小学校四年生の時点で「母親が一緒に勉強に寄り添うも身につかず、勉強が楽しくない気持ちが現れ、ゲームを早くやりたいという義務感にかられて勉強をしているよう」に見えるのは悪い兆候です。今後、五年生、六年生と進級するごとにお子さんに求められる学習のレベル、学習量ともにハードルが上がるのは間違いありません。このままだと中学受験勉強を進める中で、親子関係に亀裂が生じ、息子さんが勉強嫌いになってしまうのも時間の問題でしょう。

ところで、「関東で一番の塾」とは、「何」を指して一番だと言うのでしょう。難関校の合格実績でしょうか？

たとえば、A中学校というトップ校があったとしましょう。そして「関東で一番の塾」は某トップ校で二〇〇名の合格者を輩出していて、他塾を数で圧倒しています。でも、「二〇〇名受験して二〇〇名合格」ですか？　そうではないですよね。おそらく合格者の倍以上の「不合格者」がそこにいるはずです。

表面的な合格実績だけを見て一番も二番もありません。中学受験を専門にしている塾で、授業体験などに参加して息子さんが気に入るならどこの塾だってよいのです。「一番」の塾に通うという受け身の考えではなく、息子さん自らがその塾で学習に励むことで、結果的に「この塾が一番だ」と思えるようになればいいのです。そう思いませんか？

さて、転塾に踏み切るときの息子さんへの「声かけ」のアドバイスをいたします。

「いま通っている〇〇塾ではついていけないから、〇〇塾に替えよう」という言い方は絶対にしないでください。「お前はダメだから転塾しなくてはいけないのだ」と伝えるのと同義で、息子さんは「他塾に行く」＝「中学受験生失格の烙印を押される」といった劣等感を抱くだけです。

そのような精神状態では新しい環境で前向きに学べるはずはありませんよね。

「お父さんはあなたの中学受験勉強の様子を見ていて、いまはちょっと上手くいっていないところがある。あなたの能力をぐんと伸ばしてくれる新しい場所を見つけたから、そこで中学受験勉強に打ち込もう！」

こんな感じで「転塾」が未来に向けた「良きこと」であるように話をすべきです。

最後に一言。失礼ながら、息子さんが「関東で一番の塾」に通っているなどという「プライド」を持たせてしまったのは、ひょっとしたらご両親のこれまでの言動に問題があったのかもしれません。これまでの息子さんの接し方で間違えてしまったところはないか、一度夫婦で話し合ってみましょう。

息子さんが新天地でたくましく中学受験勉強を進められることを心から願っています。

それでも、事態が好転せず、息子さんの「勉強嫌い」に拍車がかかるようなら中学受験は避けたほうがよいかもしれません。

塾の先生が怖くてたまらないと訴えるわが子

Q　子どもは小学校五年生ですが、塾の先生が怖くて行きたくないと最近言い始めました。自分が怒られるわけではないのですが、ほかの生徒さんが、たとえばお弁当を忘れたり、やるべきことをやっていなかったりすると、先生がクラス全体に大声で活を入れるようで、とてもストレスを感じてしまうようです。強くなってほしいと思いつつ、相性が悪いのかと悩みます。転塾するにも勇気が要りますが、先生の顔をなるべく見ないように授業中過ごすという子どもの気持ちをどう受け止めたらいいでしょうか。

A　クラス全員に活を入れたら、お子さんがストレスを感じてしまう……。集団授業の塾ではよく聞く話です。そして、恥ずかしながらわたしの塾でも同種のご相談が寄せられることが稀にあります。ご質問で言及されているように、この時期の転塾についてはリスクを伴います（もちろん、六年生からの転塾を機に成績を伸ばす子もなかにはいますが）。現時点でのお子さんの成績にさほど問題がなければ転塾は回避したほうが無難でしょう。

ここは親の出番だと思います。

塾を訪ねて、その先生なり校舎責任者なりにお子さんの様子を伝えるとともに、全体であっても大声で怒鳴ったりしないこと、特定の生徒を叱らなければならないときは別の場所にしてほしいことなどを率直に願い出てみてはいかがでしょうか。

普通ならば、塾側は反省をして、事態は改善の方向に向かうはずです。

ただ、これはあまり考えたくないことなのですが、万が一、相手が納得できないような態度をとったり、お子さんに対して「逆ギレ」するようなふるまいをしたり……そんなことになってしまうのなら、すぐに転塾へと舵を切ることをお勧めします。そんな塾に大切なお子さんを任せるわけにはいきません。

最後に、もう一つの可能性について触れておきたいと思います。

お子さんが周囲の言動に「過剰反応」する傾向があるのではないかということです。いままでのことを思い出してみてください。学校の先生だったり、周りの友人であったり……。ちょっとした出来事でさえも、お子さんは「被害者」としてお父様やお母様に自らのストレスや困惑を訴えてきたことはないでしょうか。もしそのような言動がしばしば見られるならば要注意です。

もし、お子さんにその傾向が認められるのなら、ここは「塾の先生はみんなのことを思って本当は口にしたくない厳しいことを言っているのだから、あなたもしっかりそのことばを受け止めなさい」と毅然とした態度をとることが必要だと思います。お子さんの甘えを許さないこともときには大切です。だって、お子さんはこの先も集団や周囲とのつながりを持ち続けて生きていくのですし、その中で嫌なことや悲しい出来事に遭遇し、それらを自己解決していかねばならないのですから。

両親が喜ぶために中学受験する子

Q　小学校五年生になる息子がおります。いままで「いい学校に行くと両親が喜ぶから」という理由で勉強してきたらしく、プレッシャーでつぶされそうになっています。しんどそうなので受験をやめてもいいと勧めましたが、やめたくないといいます。親や周りに認められたいから、という理由で受験をしたり、志望校を決めたりしても、良いものでしょうか……。

A　息子さんは「いい学校に行くと両親が喜ぶ」となぜ考えるようになったのでしょうか。「周囲に認められる」ための付加価値を中学受験の結果に当人が自ら求めるのは、ことばは悪いですが少々奇異に映ります。換言すれば、息子さんはご両親をはじめ、周囲から認められてこないような環境で生きてきたのでしょうか。あるいは、ご両親から一流校に進学せねばならないというプレッシャーを与えられてきたのでしょうか。

そして、わたしが引っかかったのは、息子さんが口にする「いい学校」という表現です。「いい学校」とは何でしょうか？　東京大学に合格者を数多く輩出する学校ですか？　偏差値六五以上にランク付けされている学校ですか？

具体的に「〇〇中学校」に進学したい、というなら分かります。しかし、息子さんの口にする「いい学校」がかなり漠然としていることが気懸かりです。おそらく周囲から「おお、すごいね！」と一目置かれるような学校を指しているのでしょうが、それって健全な尺度とはいえないように感じます。明確な目標がないから中学受験勉強がしんどくなっていることも十分考えられます。

さて、彼がこのまま中学受験をすべきか否か。もう一度、ご両親と息子さんでじっくりと話し合いの場を持つべきだと考えます。その際に「あなたががんばっているだけで十分だよ」といった旨のことを伝えてください。加えて、現状の成績を基準に「挑戦校」だけでなく「安全校」となるような中学校を調べたり、見学したりする機会を持ってください。どんな中学校でも息子さんの心持ち次第で「いい学校」にも「悪い学校」にもなります。

最後にわたしから息子さんへのメッセージを記します。

「中学受験なんてただの『通過点』。大切なのは、入学した学校で楽しく過ごせるかどうかです。どんな学校でも『いい学校』になる可能性はある。それを決められるのはあなたしかいないのです」

深夜まで勉強している娘が心配

Q　小学校五年生の娘が、入試に向けて毎日夜遅くまで勉強しています。娘は、夜のほうが集中できると〇時～一時過ぎまで起きているのですが、入試までこの生活が続くとなると、親としてはとても心配です。どうしたら良いでしょうか……。

A　まだ入試まで一年以上あるのに、深夜まで集中して勉強をしているなんてすごいですね。ただし、お母様のご心配はごもっともです。

睡眠時間の不足は娘さんの体調や日常生活をじわじわと蝕《むしば》んでいくケースが多いのです。夜遅くまで勉学に励んだその代償として小学校や塾の授業でウトウトしてしまう……そうなってしまうと本末転倒ですよね。睡眠不足はホルモンバランスを崩してしまい、基礎代謝の低下を招くというデータもあります。

「睡眠」には「記憶力を高め、集中力発揮を促す働き」があるそうです。実際に睡眠時間が長い子ほど成績上位の傾向にあるという調査結果も出ています。

わたしが提案したいのは、夜は早めに寝て睡眠時間をしっかり確保。その上で、早起きを心がけて「朝学習」の時間をたくさん設けることです。結果的に深夜に勉強するよりもそのほうが「学習が捗る」のではないかと思います。

さらに、「月曜日」にはこれをやる、「火曜日」にはあれをやる……とルーティン化できると学習効率が一層高まります。

そのためには、一週間の計画を親子で相談しながら立てることが肝要です。

スケジュール作成上の留意点として次の三つのポイントを挙げておきます。

①就寝・起床のタイミングをなるべく一律にする。
②「無理」な学習スケジュールを組まない。
③「自由時間」をしっかり確保する。

以前、わたしが経営する塾の小学校五年生の保護者の依頼を受けて、わたしが作成した

5年生「1週間の学習スケジュール」例

時間	月	火	水	木	金	土	日
6:00	起床→新聞	起床→新聞	起床→新聞	起床→新聞	起床→新聞		
6:30	計算・漢字	計算・漢字	計算・漢字	計算・漢字	計算・漢字	起床	起床
7:00	朝食など	朝食など	朝食など	朝食など	朝食など	計算・漢字	計算・漢字
7:30						朝食など	朝食など
8:00							
8:30							
9:00							
9:30						算理(金) 復習・解き 直し	(月)までの 算数宿題
10:00							
10:30							
11:00							
11:30	小学校	小学校	小学校	小学校	小学校		
12:00						昼食など	昼食など
12:30							
13:00							
13:30						算数・国語 直前の 見直し	
14:00							
14:30							
15:00							自由時間
15:30		帰宅	帰宅				
16:00	帰宅			帰宅	帰宅	自由時間	
16:30							
17:00		国算(月) 復習・解き 直し		国社(水) 復習・解き 直し			
17:30							
18:00							
18:30		(水)までの 国語宿題		(金)までの 理科宿題		夕食など	夕食など
19:00	塾 国語・算数		塾 国語・社会		塾 算数・理科		
19:30		夕食など		夕食など			
20:00							
20:30		(水)までの 社会宿題		(金)までの 算数宿題		(月)までの 国語宿題	苦手科目 苦手単元 強化学習
21:00							
21:30	帰宅		帰宅		帰宅		
22:00							
22:30	就寝	就寝	就寝	就寝	就寝	就寝	就寝
23:00							

「一週間の学習スケジュール」（208ページ）を添付します。参考にしてください。

小学校の通知表は中学入試に関係する？

Q　小学校六年生になる子がおり、中学受験を志しています。小学校の通知表の結果が中学入試でどのように扱われるのか気になっています。ペーパーテストでいい得点が取れたとしても、通知表の評定が悪いと不合格になることもあるのでしょうか？

A　まずは結論からお伝えします。

「基本的に私立中学入試で小学校の評定を合否基準に盛り込んでいるところはない。ただし、『出欠状況』を気にする学校はたくさんある」

これはどういうことでしょうか？

高校受験のように各科目の評定を点数化して評価する私立中学校はありません。また、小学校の担任教員からの「所見」も入試結果にはまったく関係なく、「入学後の事前情報を知るための資料」となる場合が多いようです。しかしながら、いくつかの私立中学校の教員は、「出欠状況」はチェックし、場合によっては合否に関係する可能性もあると明言しています。小学校にあまり通えず、欠席が膨大な日数に亘れば、中学校側が「この子は中学校にちゃんと通えるのだろうか」と不安になるのは当然のことです。

もちろん各々さまざまな事情があるでしょう。特にコロナ禍以降は小学校の欠席自体にさほど目を向けなくなったという話も耳にしています。

肝心なのは、わが子の出欠状況が心配な際は、事前に受験校の先生にその旨を伝えて、入試でどのように扱われるのかを確認しておくことです。

なお、先述した内容はあくまでも私立中学入試の話です。

国立大学附属中学校や公立中高一貫校における適性検査の際には、小学校の通知表の各科目の評定が得点化されて科目試験の総合得点に加算されるところがあります。この点については、各校の募集要項を確認するようにしましょう。

「よかった。うちの子は私立中学志望なので小学校の評定や担任所見は一切関係ない」

そうほっとされる保護者もいるかもしれませんね。確かに「中学入試結果」だけを考えると通知表の評価を気にすることはありません。でも、これは通知表の評価を軽んじてよいことにはなりません。

中学受験率が高くはない公立小学校で、次のような話をよく耳にします。

中学受験を志している子は塾でかなり高度な学習に取り組んでいて、小学校の授業が退屈になってしまう……だから、結果として授業内で驕慢《きょうまん》なふるまいを見せて、担任教員から顰蹙《ひんしゅく》を買う場合があるというものです。

それでも、中学入試の結果に通知表は関係ないのだから、それでいいじゃないかと思われますか？　わたしはそうは思いません。

そのようなことを保護者が本気で思っていて、その本心がわが子に伝わり、小学校の学びを「舐《な》めてしまう」ようになると、その子は中学入学以降に思わぬ落とし穴に嵌る危険性があるとわたしは考えます。

塾に比べれば小学校の授業内容が易しく感じられることは確かにあるかもしれません。しかし、そのような中でも新たな発見や面白みを見出す学習姿勢を持ち続けることはとても大切です。塾の授業とは異なり、小学校の授業ではいろいろな科目がありますし、クラスメイトとの協働作業だってたくさんあるのです。子どもの心がけ次第で小学校の授業は楽しくもつまらなくもなるのですね。

中学生や高校生になったとしても通知表の評価とは無縁ではいられません。特に高校生の「内申点」は指定校推薦枠（大学の推薦制度）が取れるかどうかにも関わります。大学入学後も評価とは無縁でいられません。大学の成績はGPA（Grade Point Average）と呼ばれ、その数値次第で留学できるか否か、大学院に合格できるか否か、企業に採用されるか否か、などの基準になることだってあるのです。これらはペーパーテストの結果だけではなく、日々の「主体的に学びに取り組む態度」も盛り込まれて数値化されます。

小学校の通知表を軽んじてはならないというのはこういう理由です。

塾から高いレベルの学校を薦められた

Q　小学校六年生の受験生を持つ母親です。塾の保護者面談がありましたが、これまでの成績をご覧になった担任の先生から、ここはどうですかと、親子で志望している学校とは別の難関校を薦められ困りました。
**　親としては、レベルがどうこうよりも子どもが行きたいと思える学校に通ってほしいです。先生に悪気はないのでしょうが、子どもにも「そんなところよりこっちはどうだ」などと志望校をけなす感じでどうやら別の学校を薦めているようで、そういうことはしてほしくないと思います。どのように言って先生にあきらめてもらうべきでしょうか。あまり強く言ったり、上の先生**

にご相談したりすると気を悪くされるかもしれないと思い悩んでおります。

A　お子さんの進学先を決めるのは塾講師ではありません。あくまでもご家庭の総意で決定すべきものです。もちろん、お子さんの受験結果を考えて、塾講師サイドから受験校のご提案、併願校のアドバイスをすることはあるでしょうが。

ご質問の内容から察するに、「そんなところよりこっちはどうだ」とその講師はさらに難しい学校を提示しているのだと思います。「難関校の合格実績」を作ろうとしている下心が透けて見えるならば、聞くに値しないものと考えます。

あくまでもわが家で熟考した上で、第一志望校を決めているので、それを変更するつもりは毛頭ない……そう言い切って構いません。

さて、ここで別の可能性を探ってみましょう。

すなわち、その講師が「良心」に基づいて別の学校を薦めている場合です。そして、現時点での志望校をけなしているわけではなく、ただわが子からの伝聞でお母さんがそう思い込んでしまっていることはないでしょうか。

わたしもときにご家庭の受験候補以外の（より学力レベルの高い）学校の受験を提案することがあります。

たとえば、お子さんの現状の偏差値が六〇としましょう。ご家庭で進学を希望している学校のレベルは五〇くらいかもしれません。でも、お子さんと同レベル、あるいはより高いレベルの同級生が揃っている……そういう環境のほうがお子さんの学びをより喚起してくれそうだという期待を抱いて、別の学校を薦めることがあるのです。

もし、お子さんを担当している講師がそのような観点で別の学校を薦めているのであれば、耳を傾けてもよいのではないでしょうか。もちろん、それを確認するためにも、一度お母さんとその講師で面談されることをお勧めします。

模擬試験に限って得点できないわが子

Q　親のわたしが言うのもなんですが、六年生のわが子は塾や学校の確認テストの成績はかなり良いほうです。しかし、模試だと途端に得点できず、志望校の合格判定が厳しいものになってしまいます。わが子は本番に弱いのでしょうか。どうしたら試験本番で力を発揮できるようになるでしょうか。

A　普段の成績は良いのに、模擬試験の成績が芳《かんば》しくないとのこと。それは心配ですね。

それでは、考えられる原因を幾つか書き出して、それぞれの対処法を示してみましょう。
最も考えられる原因は、お子さんが「一夜漬け」的な学習になってしまい、総合的な学力が培われていないということです。これは第二章で言及しました。

たとえば、週末にテストがあり、その週に学習した範囲から出題されるとしましょう。すると、この週末のテストで良い得点を取るためだけの学習に（無意識のうちに）なってしまっている。換言すれば、テストが終わればもうその該当範囲は「用済み」になってしまい、記憶から削除されてしまう。で、また次の週末に向けての学習が始まる……その繰り返し、悪循環が生まれてしまっているのかもしれません。

そうなると、毎週毎週のテストで高得点を取ることができても、より広い範囲で出題される模擬試験では思うように得点できないという事態に陥ってしまいます。

この場合、学習計画の全面的な見直しが必要です。たとえば、週に一度は前週、前々週の学習範囲の復習に充《あ》てるなどして、広い範囲の定着を目指した学習を意識すべきです。

次に、これはあまり考えたくない原因ですが、わが子が親の前だけ「いい格好」をしていることです。すなわち、普段から成績をごまかしている可能性を吟味しなければいけません。良い点数を取った確認テストやプリントだけを親に見せ、そうでないものはひた隠しにしてしまう……。だからこそ、模擬試験の成績は実力通りなのに、親にとっては普段と比較して著しく悪いように思えてしまうのです。

そのような場合は、お子さんを責め立てるよりも、親である自身の言動をまず見つめ直すことが大切です。子に対してプレッシャーをかけすぎていないか、あるいは、得点結果ばかりを気にする発言をしていないかどうか……。親のスタンスを少し変えるだけで、子が安心して「ミス」をさらけ出せることもあります。

最後に挙げたい原因は、文字通り「本番に弱い」。つまり、メンタルが弱いことです。

もしお子さんが受験生ということであれば、中学入試までに残された時間はあまりありません。この場合、とにかく他塾の模試などを含めて「場数」を多く踏ませることも必要でしょう。

また、第一志望の学校の入試が二月一日以降であれば、一月に埼玉県・千葉県・地方（首都圏入試会場）の学校の入試を数多く受けて、入試の雰囲気に十分慣れておくことをお勧めします。

第一志望校が不合格だった息子にどう対応すべきか？

Q　小学校六年生の息子がまさに受験の最中でいまは二月一日の夜です。今朝受験した第一志望校の結果がウェブで先ほど発表され、残念ながら息子は不合格でした。この結果を息子に伝えたらショックを受けて、明日の入試どころではなくなってしまいそうです。第一志望校の不合格は息子に知らせず、素知らぬふりをしていようと思いますが、それで問題はありませんか。

A　息子さんの第一志望校不合格は残念ですが、保護者は息子さんが最後まで全力で闘えるよう、悔いのない中学受験で終わるよう支えてやってほしいと思います。

さて、「不合格を伝えず、素知らぬふりを決めこむのは問題か？」との質問ですが、わたしから言わせると「大問題」です。息子さんだって、第一志望校の入試終了後の説明で、合否発表の出る時間は知っているでしょう。その結果をひた隠しにしたら、息子さんはモヤモヤしたまま明日の入試を迎えてしまいます。

中学受験の主役は息子さんです。結果を受け止めなければならない当事者です。わたしは「親が先に結果を確認してしまった」のは、良くないことだと考えます。

ここは、息子さんの目を見て、「第一志望校不合格」という「現実」を伝えてください。

息子さんは塞ぎ込んでしまうかもしれませんし、取り乱すかもしれません。保護者にとってはここは胸が張り裂けそうな思いをするでしょう。ここは息子さんと一緒になって全身で悔しがり、悲しがり、涙を流しましょう。そこに「演技」など一切不必要です。

そして、息子さんの涙が枯れ果てたときを見計らい、翌日の受験校の「過去問」などに取り組ませましょう。また、こういうときこそ塾の出番です。塾に連絡した上で、明日以降に向けた具体的な方策を講師たちから練ってもらいましょう。こういう行動の後回しは致命的になりますし、保護者は「いまできることは何か」……あれこれ考えを巡らして、明日以降の入試に息子さんが少しでも前向きに臨めるよう、導いてほしいのです。そして、保護者は息子さんを全身で励ましつつ、頭は冷静に働かせ、良くない結果が続くことを想定し、二月三日、四日、五日あたりの「安全校」出願の準備を整えておきましょう。

第一志望校不合格という悲しみを乗り越えて、明日以降に合格を勝ち取ることができたならば、息子さんは心から喜ぶでしょうし、その「合格」は翌日以降の入試に向けて大きな原動力となります。わたしの経験上、子どもたちは入試本番という「短期間」でたくましく成長します。保護者は息子さんの強さを信じて、最後の最後まで応援してやってください。笑顔の春が訪れることを心から祈っています。

終章

ぼくのかんがえた「最強」の中学受験

沈静化しつつある中学受験

わたしは序章の冒頭で「わたしは過熱化する中学受験の世界を冷ましたいと考えて、筆を執りました」と書き出しました。

二〇二四年度の中学受験状況を探るにあたって、大手塾や大手摸試業者の主催する模擬試験の受験者動向などをチェックすると、どうやら二〇二四年度の中学受験者総数はやや減少しそうです。もちろん、蓋《ふた》を開けてみなければ何とも言えないところはあるのですが、図らずも中学受験の世界は「沈静化」しつつあるのですね。

中学受験の栄枯盛衰《えいこせいすい》は世の景気と密接な関係があります。中学受験の世界は、その準備段階でも中高に進学したあとでもかなりのお金を必要とするからでしょう。実際、過去を遡《さかのぼ》ると、二〇〇八年に世界を揺るがした「リーマン・ショック」に端を発し、二〇〇九年度から二〇一五年度の中学受験者数は年々減少の一途を辿りました。

それでは、現在はどうでしょう。日本は主として円安による物価高騰により、消費が冷え込んでいて、「日銀短観」を確認しても、先行きは不透明です。このような状況下、わが子の中学受験を見送ろうとする保護者がいても何ら不思議ではありません。

東京都が二〇二三年一一月に発表した「令和五年度教育人口等推計報告書」によると、

二〇二三年五月の時点で都内の公立小学校に通う児童数は、前年比約七二六人減の五九万九七三八人となり、一一年ぶりのマイナスになりました。翌年以降はさらに減少ペースが上がるとされています。

二〇二三年一二月には東京都の小池百合子《こいけゆりこ》都知事が、二〇二四年度より家庭の所得にかかわらず、私立を含むすべての高校の授業料の実質無償化方針を固めたというニュースが、翌月の二〇二四年一月六日には、所得に関係なく私立中学校に通う子のいる世帯に一人当たり年一〇万円を助成するというニュースが入ってきました。これらを受けて、今後の中学受験者総数はどうなっていくのでしょうか。

中学受験は子どもたちの成長にとって良い機会になると本心から考えています。ですから、わたしは中学受験勉強の意義、私立中高一貫校の魅力などをこれからも発信していくつもりです。

わたしが「過熱化する中学受験の世界を冷ましたい」と書き出したのは、中学受験の衰退を望むのではなく、子の中学受験に携わる保護者の熱をほどよく冷ましたいという意味なのです。

わが子の中学受験で目指すもの

皆さんはわが子の中学受験で目指すものは何でしょうか。

少しでも「偏差値」を上げて、「良い」とされる学校に行けば、一流の大学に進学できるからでしょうか？　このような観点でわが子の中学受験を後押しするのは少々短見に思えますし、このような価値観が跋扈《ばっこ》して、それが中学受験生たちに伝わってしまうことで、子どもたち自身が苦しむことだってあるのではないでしょうか。

たとえば、塾に通えば誰しも「偏差値」が上昇するというのはウソです。偏差値とは相対値なのですから、誰かがその値を上げれば、その分、誰かがその値を下げるという性質を持ちます。もし、わが子の偏差値が伸び悩んでしまうと、先の価値観に凝り固まった子どもたちは自身の人格が否定されたように感じ、それにより、自身を否定することにつながってしまう危険性があります。あるいは、自分よりも「低偏差値」の子どもたちをいつの間にか見下すようになってしまうことだって十分に考えられます。算数・国語・理科・社会の科目的な成績など、その子の人格のほんの一側面を形成するに過ぎないのです。

一般的に「良い」とされる学校に進学して、一流とされる大学に属せば、人生はそもそも安泰なのでしょうか。もちろん違います。大学に入って「学問」の楽しさ、奥深さを味わうことなく、あたかも大学を就職予備校のごとく見なす学生生活を送ってしまえば、大学の成績は振るわないでしょうし、結果として自身の希望する就職口に辿り着けないことだって十分にあり得ます。最近は「学歴ユーチューバー」の運営するチャンネルが人気を博しています。学校名だけでその人間に価値がないと決めつけたり、特定の大学をバカにしたりするような言動を垂れ流しています。下衆《げす》の極みです。どの大学にだって「学問」に懸命に打ち込んでいる子どもたちはいるのでしょうし、大学名だけでその人間の価値を判断する人間こそ、人間としての価値はかなり低いのだろうとわたしは考えています。

わたしの考える中学受験で目指すべきもの。まずは、中学受験勉強で登場する科目や単元の楽しさを子どもたちが堪能し、どれか一教科、いや一単元でも構いませんので、「ハマる」という経験を早期にしてほしいのです。勉強は自らの世界を広げる楽しいものという思いが根底にあればこそ、小学校五年生、六年生という本格的な受験勉強を能動的に乗り切れるとともに、たくさんの教養、知識を得られるようになると考えています。

そして、学校選び。この主導権を握るのは保護者です。小学生のわが子にとってはその学校の善し悪しなどなかなか判断つかないでしょうし、保護者が気に入った学校を自然と子どもも好きになることがよくあります。志望校を決定する尺度としては「大学合格実績」がメインになるのではありません。その学校が六年間かけてどのような生徒を育てていきたいのかを保護者がしっかり見極めてほしいのです。

中学受験の「旗振り役」として

本書を一読された保護者はお分かりでしょうが、中学受験の主役は「子ども」なのです。保護者は主役には決してなれないのです。そして、保護者がわが子の「成績向上」「合格」ばかりに目を向けてしまうと、皮肉なことに、それがわが子の成績を低迷させてしまい、「合格」がかえって遠のいてしまうことだって十分に考えられるのです。

わたしの経営する塾の教育理念を改めて紹介します。

「自ら教わり育つ、たくましい人間の創造。」です。この教育理念に込めた思いを少しだけ説明させてください。

「教育」とは「教え、育てる」と他動詞で解釈するのはおかしいとわたしは考えています。保護者があれやこれや教え込もうとしたところで、わが子がその意図通りに動かないことがほとんどではありませんか（だから、親子喧嘩が頻発するのです）。「教育」は自動詞で解すべきです。つまり、子どもたちが「自ら教わり、自ら育つ」ようにいかに周囲の大人たちが導いていけるか、いかにそのきっかけづくりができるか、それが大切なのです。

中学受験の世界に落とし込むと、勉強するのは子ども、受験するのも子ども、中高一貫の六年間の生活を謳歌するのも子どもです。わたしたち大人は、子どもたちが主体的に物事を処し、主体的に生きていけるよう「間接的」に導いていくべきなのです。

そういえば、わたしの娘や息子がまだ幼児だったときに、彼ら彼女たちの目を見ながら、「ああ、まだこの子たちは幼いから、まだまだ死ねないな」とふと思ったことがありました。そのときに気づいたのです。わたしたち大人がなぜ子どもたちの「教育」に携わるのか。それは「わたしたちが安心して天に召される」ためではないでしょうか。もう少し分かりやすく説明しますと、「ああ、わが子は自分がいなくなってもこの先、たくましく生きていってくれるだろうな」という安堵を胸に生を終えるためではないかと思うのです。会社の部下に指導するのだってある意味同じです。「自分が（定年退職などで）会社を去ったとしても、この会社は次の世代がしっかり回してくれるだろう」という願いがあればこそ、部下の「教育」に精励するのです。

わたしは序章のタイトルを「中学受験の『理想』を掲げよう」としました。

理想の中学受験とは何でしょうか。

一言でまとめるなら、中学受験を通じて子どもたちが「自立」の一歩を踏み出すことです。

わたしは二児の父親でありますが、それ以上に、中学受験塾の講師としてこれまで数百、いや、数千というご家庭の「中学受験模様」に携ってきました。偉そうなことを申し上げますが、本書を手に取ってくださっている保護者の皆さんよりも、中学受験の「全体像」を見渡せる立場にいるという矜持《きょうじ》があります。

わたしは少しだけ高い丘の上に登って、皆様に中学受験の理想という「旗」を振ってみせたいと考えています。

わが子の自立を涵養する好機、それが中学受験です。

特別座談会——わたしたちのかんがえた「最強」の中学受験

工藤誠一×大井正智×山本豊×矢野耕平

聖光学院中学校高等学校
校長

鷗友学園女子中学高等学校
校長

株式会社早稲田アカデミー
代表取締役社長

本書の特別企画として、中学受験、そして、中学進学後についての親子の関わりや子どもたちの大切な学習姿勢などについて意見交換をおこなう座談会を収載しました。

座談会には三名を迎えました。一人目は工藤誠一先生。男子校の聖光学院（神奈川県横浜市）・静岡聖光学院（静岡県静岡市）で理事長・校長を務めるとともに、一般財団法人神奈川県私立中学高等学校協会の理事長、日本私立中学高等学校連合会副会長を兼任しています。

二人目は女子校の鷗友学園女子（東京都世田谷区）の校長を務める大井正智先生です。大井先生は男子校の国語講師を務めたのち、一九八五年に鷗友学園女子の国語教諭として着任し、二〇一八年より校長に就任しています。

そして、三人目は山本豊先生。首都圏屈指の大手塾・早稲田アカデミーで代表取締役社長を務めています。学生時代より早稲田アカデミーで指導を始め、主として中学受験の算数の指導に携わり、その指導歴は約四〇年です。

この座談会で飛び出したキーワードは「コミュニケーション能力」。皆様のわが子に接する際の参考材料になるでしょう。なお、表記については敬称を一部省略しています。

中高生活でたくましく成長する子の秘訣

矢野　まず、工藤先生にお伺いします。中高生活の六年間で、学力的に、また精神的に大きく成長する子どもたちに一脈通じる姿勢とはどういうものだとお考えでしょうか。

工藤　それはコミュニケーション能力がある子でしょう。彼らは「聞きとる」「受け止める」、そして、「自ら発信する」ことができます。その前提となるのは読書量だと考えます。自分が何かを表現するときの語彙力のみならず、他者のことばを受け止めるトレーニングになるからです。こういう子は六年間の中で大きく伸びると考えています。

矢野　それでは、中学受験生、小学生の保護者がわが子のコミュニケーション能力を涵養するためにできることはありますか。

工藤　わが子の五感を研ぎ澄ます実体験を積み重ねることでしょう。

矢野　聖光学院の「聖光塾」はまさにその実体験を重視されていますよね。

工藤　そうです。わたしたちがカリキュラムを構築する際にこだわっているのが、教室とは異なるステージで物事を受け止め、それを自ら発信する機会です。聖光塾という体験的な学びの場であったり、宿泊行事であったり、海外へのホームステイであったりとか……。

矢野　大井先生はこの点についてどうお考えでしょうか。

大井　工藤先生がおっしゃるようにコミュニケーション能力は大切です。本校でそのスキルを培うために重要視しているのが「居場所づくり」、言い換えれば、帰属意識とでもいうのでしょうか……。「わたしはこの学校にいてもいいんだ」という思いを持って、中学校生活をスタートすることがその第一歩です。

矢野　聖光学院、鷗友学園女子ともに付属小学校がなく、新しいメンバーで一斉に中学校生活が始まります。ある意味、各々がアイデンティティをいったん喪失した状態です。そのような中で、どのように「居場所」の実感を抱くようになるのでしょうか。

大井　わたしたちの学校はすべての学年で「席替え」を頻繁におこなっています。いろいろな人と話す機会を設けるのは重要です。自分が何も主張せずに、相手が分かってくれるという考えになるのではなく、互いに意見をぶつけ合う経験だって「居場所づくり」には必要なことだと思うのです。

矢野　わたしは学校の先生たちから異口同音に「学校が好きになる子は伸びる」と聞きました。その逆の側面に目を向ければ、第一志望の合格が叶わず、不本意な思いを抱いて、自信喪失したまま入学してしまうようなタイプの子は伸び悩む傾向にあるということです。この点についてはいかがお考えでしょうか。

工藤　自分が毎日通う学校ですから、学校が好きかどうかは大切です。学校側としては子どもたち一人ひとりに対して、たくさんのステージを作って、それを子どもたちが自ら選べるようにしています。それこそ、ひとつの統一した方向性でまとめあげる公立と私学の違いだと思っています。私学は自らさまざまなカリキュラムやプログラムを用意することができます。それらをきっかけにして子どもたちが活発に学校生活を送りやすい環境を構築しやすいと考えています。

大井　私学の個性は、たとえば建学精神や校訓に表れています。本校の校訓は「慈愛《あい》と誠実《まこと》と創造」。子どもたちだけでなく教員やその他の学校関係者もこのフレーズをすぐに言えます。絵に描いた餅ではなく、その学校が大切にしているものを全員が共有して、それを中心に学校生活を送れることは重要です。

「待てない」親になってはいけない

矢野　続いて、塾サイドの見方をお伺いします。早稲田アカデミーの教育理念は「本気でやる子を育てる」。中学受験期のみならず、中高に入ってからも学力的にも精神的にもたくましく成長できる子に共通しているのは、どういう姿勢だとお考えになりますか。

山本　わたしたちは創立五〇周年間近なのですが、創業時から「本気でやる子を育てる」という教育理念を掲げています。わたしはこの理念が本当に素晴らしいと当時から考えていて、その思いはいまでも変わりません。受験は合格、不合格という結果が伴うことにはなりますので、良い結果になるのを目標に懸命に学ばなければならない。友人たちと切磋《せっさ》琢磨《たくま》して競争を楽しむといった経験を積むことで、最終的には自立した豊かな生活を送れる原動力が得られるのではないかと考えています。

矢野　その反面、子どもたちの成長が阻害されるようなことがありますか。

山本　受験の主人公は子どもたちです。たとえば、保護者がわが子の意志を無視して自分たちの思い通りにしたいとか、あるいは、塾側の思惑で特定の難関校に無理やり誘導するとか……。そんなふうに周囲の大人が子どもたちを歪《ゆが》めるような働きかけをおこなうと不幸な結果が待っていることが多いような気がします。自ら立てた目標に向けて、伸び伸びと学ぶ子たちは知識的、技能的なもの以外にも、本気で物事に取り組む姿勢を身にまとうようになるのです。

矢野　この「本気でやる子を育てる」という教育理念は「本気で」が「やる」を修飾するのか、「育てる」を修飾するのかで、その定義が異なるというダブルミーニングだと思うのですが、このような姿勢を育むために講師側はどのように働きかけていくのでしょうか。

山本　わたしたちが「本気」になって、子どもたちの「本気」を引き出さねばなりません。明るい講師と暗い講師であれば、当然前者の講師のほうがその「本気度」を子どもたちに伝えやすいと思うのです。わたしたちの塾では基本動作と呼んでいますが、講師側が「明るく、元気に、はつらつと」していようということですね。わたしたちは毎朝の始礼では「大きい声で・きびきび行動・明るい笑顔・自分から挨拶」と唱和するようにしています。さきほど、工藤先生、大井先生から「コミュニケーション能力」という表現が出ましたが、わたしたちが明るく元気にアウトプットして子どもたちとコミュニケーションを図るのはとても大切なことだと考えています。

矢野　早稲田アカデミーの「本気でやる子を育てる」という教育理念には感銘を受けています。ただし、最近の中学受験模様を観察すると、「本気でやる親」ばかりで、どこかで子どもが置き去りにされているように思えてならないのです。

工藤　そう、待てない親が増えたように感じます。子どもが何かを口にする前に、親がしゃべってしまう。父親や母親がたとえば共働きなどで忙しいと、なるべく手短に事を済ませようとわが子に対して指示を出しつづけるご家庭が多いように思います。もちろん、この現代社会に生きる大人は忙しいわけで、これはもう避けることはできません。それで子どもの成長を待てずに、とにかく性急に結果を求めがちになるのです。

わたしたちの学校に入ってきた子の保護者にはこんな話をしています。「聖光学院は六年間の学校生活を用意していますから、慌てる必要はないのです」と。子どもたちによってその成長段階には違いがあります。保護者と学校が互いに協力し、話し合いながらゆっくりと子の成長を見守ることが大切です。保護者が待てずに、たとえば、わが子が進路などを早く見出して、それに向かって邁進してほしいという思いを押し付ければ、子どもたちが窮屈な思いを抱いてしまい、結果として苦しむことになるのです。繰り返しますが、いまの父親や母親に申し上げたいのは、「子どもの成長を待つ姿勢」です。六年間の一貫校は十分「待つ」時間があるのだと、その点は強調したいです。

大井　保護者の皆さんが思っている以上に、子どもたちは保護者のことをよく考えているのです。ですから、わが子はちゃんと成長していくだろうというその「信頼」を保護者が持てば、それがわが子に確実に伝わり、親子の円滑なコミュニケーションにつながると思うのです。一方で、保護者が自分の思い通りにわが子を動かしたい、自分の人生はこうだったから、わが子もそうしなくては……。あるいは、そうならないようにしなくてはならない……。そういう親の欲が出てきてしまい、わが子の思いを置き去りにしてしまうとあまりよくない結果になると考えています。

変化が見られる親子関係

矢野　中学受験の世界を観察していると、昔からわが子に過干渉な保護者は一定数いましたが、ここ最近はわが子の成績が親の評価につながるのではないか……そんな怯えを抱く保護者がよく見られるようになっている気がしています。最近の親子関係を見ていて気になることはありますか。

大井　そうですね。中学受験の勉強をしているわが子に「このままでは合格しないよ」とか「勉強しないのだったら受験やめよう」などと口にする保護者はいます。その裏側には「がんばってほしい」という思いがあるのでしょうが、それを素直に表現できないのですね。ちょっと話が脱線するかもしれませんが、本校では年二回の「面接週間」がありますす。そこで教員がいろいろな話を子どもたちから聞くのです。ある女性の担任が「自分の悩んでいるときやつらいときに、保護者にどうしてほしい?」と子どもたちに尋ねて回ったら、「放っておいてほしい」という回答よりも圧倒的に多かったのが、「お母さんにギューッと抱きしめてほしい」という回答だったのですね。保護者はことばだけではなく、あなたのことが大切なんだよと直《じか》に分かるようにわが子と接することが必要なのでしょう。

工藤　男子の場合は「母子カプセル」に入ってしまうような光景が見られます。母親と子の関係が強くなり過ぎて、父親の存在がなかなか見えないというケースが散見されるということですね。たとえば、海外では父親の赴任先に家族を伴っていくというのが一般的ですが、日本の場合は父親が単身赴任して、母子を残していくという図式が多い。そうなると、母子はより密着するようになってしまう。ひょっとしたら男子校を選ぶ母親がこの傾向にあるのかもしれません。中高生のとき、わが子が異性にうつつを抜かしてほしくないという思いがあるのかもしれませんね。子どもたちはやがて独立していくときがくるのだという話を、わたしは母親が集まる保護者会などでよくするようにしています。

山本　中学受験期に保護者が必要以上に焦りを覚えてしまう、それによってわが子の中学受験への熱がエスカレートしている事例はよく見聞きするようになってきました。中学受験の主役はわが子であるというのがブレずに、バランスが取れた親子関係なら問題はないのですが、わが子を親の思い通りに動かしていきたいという思惑が強くなり、それが子どもも本人の意識と乖離《かいり》していたらややこしい事態に陥ってしまうと考えます。「この中学校に合格しなければならない」「今回の模擬試験では偏差値いくつ以上でなければならない」などと、どんどん保護者がわが子を置き去りにしてエスカレートしていってしまう。そうなると、子どもたちがより窮屈な思いを抱くようになってしまいます。

矢野 子どもたちが窮屈にならずに済むように塾サイドがやれることはありますか。

山本 それはもう「指示待ち人間」にさせないことですね。早稲田アカデミーでは「本気サイドのアプローチ」と「ダークサイドのアプローチ」と区分して定義している子どもたちへの関わり方があります。「ダークサイドのアプローチ」とは、子どもたちに何かを強制して無理矢理型にはめ込もうと威圧したり脅迫したり……というようなあってはならない指導手法のことです。机を蹴っ飛ばすとか、子どもたちに恥をかかせてみたり、意味のない反復練習をやらせたりとか……。講師がそんな手法を用いると、子どもたちの自発性が削がれてしまう、大人たちに対して萎縮してしまう、まさに言うがままにしか動けない「指示待ち人間」と化してしまう。わたしたちの教育理念に含まれた「本気でやる子」とは真逆になってしまいます。

一方で、「本気サイドのアプローチ」とは、講師が明るく元気に子どもたちに対して常に本気で向き合っていこう、自らの熱を伝え、ひたむきに情熱を注ぐ姿勢を貫こうということです。これはなかなかエネルギーを必要とすることですが、講師たちにはこういうアプローチをすべきであると呼びかけています。「ダークサイドのアプローチ」に言及しましたが、これは保護者もしてしまいがちなことなのですよね。わが子はこうならなければいけないという焦りが、そんな言動を取らせてしまうのかもしれません。しかし、わが子が将来的に自立して、自ら抱いた夢を実現してほしいという願いとは真逆のアプローチであり、それがわが子の成長を阻害することだってあると考えます。

矢野　親子関係のそういう変化とコロナ禍は密接な関係にありますか。

山本　これは数値的に明確になっていると思いますが、コロナ禍を境にして、漠然と中学受験を検討していた保護者がわが子を私立中高に進学させようという思いが一気に強くなりました。公立中学校の動きが鈍くなってしまう中、私学の先生方がいろいろと工夫して指導しているというコントラストがすぐに伝わったのですね。ですから、早稲田アカデミーではその時期に小学校低学年生を中心に塾生が増えました。これはほかの大手塾でも一緒でしょう。しかし、中学受験の道のりはなかなか険しいものです。親子のバランスを常に考えて準備しなければいけません。その前提がないままに、コロナ禍をきっかけに「ならば、私学を目指そう。だったら塾に通おう」だと、結局最後まで続かずにリタイアすることになってしまう。あるいは、知らず知らずのうちにわが子の勉強に干渉し過ぎて、追い詰めることになってしまう。コロナ禍でこのような傾向が顕著になったのかもしれません。ですから、わたしたちからも親子関係の上手なバランスとはどういうものかをより発信すべきだと思いますし、工藤先生や大井先生がおっしゃったことが保護者たちに浸透していくとよいと思います。

矢野　リモートワークの常態化、普及の影響もありそうですね。それまではさほど意識していなかったわが子の勉強の様子が目に入り、気になってしまうという……。

山本　まさにその通りですね。早稲田アカデミーはコロナ禍の緊急事態宣言下でいち早くＺｏｏｍの授業に切り替えたのですが、その後も体調不良など何かあればＺｏｏｍでの受講ができるようにしているのです。そうするとＺｏｏｍに映る子どもたちの後ろに保護者の姿が見て取れるなんてことがあります。塾の授業に興味を持ってくださるのはよいのですが、子どもの一挙手一投足までチェックするようになってしまうと、子どもたちにとってもかなりキツいですよね。

矢野　最近は保護者の熱がエスカレートしていて、わが子の成績をＳＮＳでアップするようなことだってあります。

山本　あれは良くないと思いますね……。わが子に同意を得ているとしても、子どもたちは保護者に反抗できない年頃ですから。

中学受験期に子どもたちに身に付けてほしいもの

矢野　工藤先生は中学受験時代に子どもたちに身に付けてほしいこととして、どういったものがあると思われますか。

工藤「ありがとう」が素直に言える子になってほしいです。中学受験をする、塾に通う……多くの人たちに自分は支えられていることを自然と認識することで、感謝のことばを口にできるのは小学生時代に一番大切なことかもしれないと考えます。そういう子は謙虚な姿勢で学ぶことができますし、そういうタイプの子どもたちが将来のリーダーになるのだろうと思っています。保護者だって感謝の気持ちを持たなければいけません。わたしが保護者によく言うのは、「皆さんは神様からお子さんを預かっています。自分の子どもだと思うかもしれませんが、神様から預かった子を慈《いつく》しんで育てていってほしい。もちろん、反抗期になれば親の言うことを聞かなくなるかもしれません。でも、イエス様はわたしたち人間が裏切っても裏切っても愛し続けたのです。そういう思いが親の子に対する愛ではないでしょうか」と。

矢野　大井先生が小学生たちに求めたい学習姿勢はどういうものがありますか。

大井　わたしたちは入学試験が学校の授業であるべき学習姿勢を測っていると考えています。本校は記述式の問題を数多く出題します。そういう意味では、小学生のときに相手の意見をしっかり聞いて、自分の意見を表明できるような子であってほしいと思います。私立中学校はいろいろな小学校の文化を経験してきた子どもたちが集まってスタートします。先ほど申し上げたように、鷗友学園女子を「自らの居場所」にするためにも、相手の言うことに耳を傾けてから、自分の意見を言う……そんなコミュニケーション能力が必要なのです。これは本校の卒業生が言っていたことなのですが、「鷗友生は他人と意見が違ったとしても、それはその人の考えであり、相手の人格を否定しない」と。いまの大人たちに聞かせたいと思うのですが、そのような人物に成長しているのだなあと頼もしく思っています。

矢野　聖光学院のモットーは「Be Gentlemen」ですが、工藤先生の考える「Gentleman」とは、たとえばどのような人間像を指しているのでしょうか。

工藤　一言でまとめるならば、「温もりを伝えることができる人」。子どもたちが最終的にどのように偉くなるのか、どのくらいお金を稼ぐのか、ということではなく、日々の社会の中でいろいろな人に温もりを伝えられるような人間であってほしいと願っています。

矢野　大井先生は六年間かけて育んでいきたい人間像はどのようなものとお考えですか。

大井　先ほど申し上げましたが、わたしたちの校訓は「慈愛と誠実と創造」です。「慈愛」とは他者に対する、そして自分に対する愛。「誠実」とは他者に対して自分に対して常に真摯《しんし》な姿勢でいられるか。「創造」はいまないものを自分たちの力で作り出していこうということ。本校は市川源三《いちかわげんぞう》を中心に創立されましたが、その当時からこの校訓を掲げているのですね。本校のさまざまな運営でこの校訓が軸になっているかどうか、そこを確認するようにしています。

「良い中学受験」とはどういうものか?

矢野　質問を変えますが、早稲田アカデミーの考える「良い中学受験」とはどのようなものでしょうか。

山本　なかなか難しい質問ですね。わが子の中学受験に際して、保護者は決して安くない月謝を支払うわけです。そして、塾に何を望むかといえば、成績を上げてほしい、志望校に合格させてほしいということです。われわれもそれに全力で応えなければならないのは当たり前ですが、全員が第一志望校に合格するというのは難しい。けれども、受験のプロセスを通して保護者の皆さんの「わが子が自立して幸せになってほしい」という本質的な願いは叶えよう。そういう思いで子どもたちの指導に当たっています。わたしたちの「本気でやる子を育てる」という教育理念は、そこを見据えてやっていることの表れだと思うのです。「良い中学受験」とは、その本質的な価値が受験を通じて手に入れられることにこそあるとわたしは考えます。

そして、保護者の皆さんにはわが子の表情、仕草、そこから受け取れるものをつぶさに観察してほしいと願っています。わが子の思いを感じ取る、汲み取る、そして何か心配事があればすぐに塾の講師に相談をする、場合によっては専門家などに相談してみるとか……。中学受験本番を迎える子どもたちはかなりの緊張を強いられますから、その過程でつまずかないように保護者がわが子にアンテナを張っておくことが大切だと思います。

矢野 合格、不合格にかかわらず、「本質的な価値」は確かに変わることはありません。ありがとうございます。

男女別学教育の意義

矢野　さて、質問内容がまた変わりますが、先ほど名前の登場した鷗友学園女子の創立者の市川源三先生ですが、市川先生は「女性である前に一人前の人間であれ」とおっしゃっていたそうですが、男女別学の意義はどういうところにあるとお考えですか。

大井　わたしはよく次のようなエピソードを話します。中学校一年生のときに軽井沢でクラス合宿をおこなうのですが、休み時間にみんなドッジボールをして遊んでいました。わたしが声をかけると、小学生のときのドッジボールはつまらなかったと口々に言う。理由を尋ねると、「ボールを取っても投げるのはいつも男子だ。だから、ボールを受けたとしてもすぐに男子にパスしないといけない」と言うのでわたしは驚いてしまいました。その話を月に一回おこなわれる中学校一年生の「お誕生日会」のときに周囲の子どもたちに振ってみたら、約半数の子どもたちがドッジボールでそういう経験をしている。そこである子が「だって、それが小学校の文化だから」と言い放ったことにわたしはショックを受けました。ところが、女子校だとひとりの人間になれる。女子は文系科目が得意で、理系科目が苦手、といったような〝文化〟から解放されます。そういう環境の中でひとりの人間として成長してほしいと願っています。

矢野　男子校の意義はどういうところにありますか。

工藤　小学生の頃の男子は女子と比較すると精神的には幼い面があるのが一般的です。その意味では女子に押され気味で、自分の意見を述べることのできない風潮が小学生時代にあったように思います。その呪縛から解き放たれて、男の子たちが思い思いに過ごせる環境は意義深いと思います。中高の六年間くらいは男女別学の環境で育つのもよいのではないかと。もちろん、現代は男女の共同参画社会であるのは言うまでもありません。ですから、わたしたちは女子校とコラボレーションして、いろいろなイベントをおこなうことだってあります。ただ、男子だけで行事を運営するとか、クラブ活動をおこなうのもさまざまな学びがあるのですね。本校の在校生たちを見ていると、「最近の子どもたちは消極的だ、読書もしない」なんていわれ方をしますが、いやいや日本の子どもたちは捨てたもんじゃないなと思わされることがよくあります。だから、育てなきゃならんと、もっともっと育てるんだという思いをわたしたちは持っています。

矢野　共学人気がしばらく続いていたと言われていましたが、最近は男女別学に目を向ける親子が多くなってきたように感じます。山本先生はどうお感じになっていますか。

山本　大きな変化は特に感じていません。というよりも、男子校、女子校、共学校にも人気を集める学校には相応の学力を持った子どもたちが大勢志望します。ただ、最近は男女別学が共学化するとか、あるいは国際系の冠を付けるとか……そのように学校の形態を変化させることでたくさんの受験者を呼び込みたいというところが多く見られます。マスコミにも取り上げられますからね。そうすると、保護者の中には「ああ、いまは共学化の流れなのか。やはり共学が良さそうだ」という考えが自然と生まれる傾向にあるように感じています。わたしは、男女別学には男女別学の、共学には共学のそれぞれの良さもあれば、伝統校ならではの良さもある。学校が均一化されるより、さまざまな選択肢がある首都圏の中学受験はいまの状況が良いのかもしれないと思います。

私学は卒業生たちの心の拠り所になる

矢野　それでは、最後に工藤先生、大井先生にお尋ねしたいのですが、私学の存在意義はどういうところにあるとお考えですか。

工藤　私学というのは卒業生たちにとって「心の故郷《ふるさと》」になりやすいと思います。公立の場合はどうしても教員の異動は避けられませんので。その点、私学は長くその学校に教員が勤務する傾向にあります。ですから、卒業生たちが顔を出したとしても、自分の習った教員たちが出迎えてくれる。これは大きいだろうと思います。大学生・大学院生の卒業生が放課後、成績面で苦戦している在校生の学習をサポートするシステムもあります。また学校で同窓会をやると大勢集まったり、あるいは、卒業後五〇年が経ったときに、その人たちを卒業式に呼んだりするということもおこなっています。そういう行事に多くの卒業生たちが訪れてくれることをわたしたちは大変嬉しく思っています。そんなことを意識しつつ、わたしたちは日々の教育実践を講じていきたいですね。

大井　本校はもともと母体の異なる高等女学校の同窓会が作った学校なのです。ですから、その成り立ちからしても、わたしたちが同窓生、卒業生たちを大切にするのは当然のことです。卒業生たちはしょっちゅう顔を出してくれますよ。年一回ですが、「卒業生の話を聴く会」というのをおこなっているのですが、この前は約八〇名の卒業生が来てくれて、在校生たちにさまざまな話をしてもらいました。大学生だったり、社会人だったり、主婦だったりと、本当にさまざまな立場の卒業生たちです。会が終わったあとには、その卒業生たちと在校生たちがあたかも名刺交換会のような機会を持つのですね。これこそ私学ならではの試みだと考えています。

矢野　工藤先生、大井先生、山本先生、貴重なお話をありがとうございました。

あとがき

中学入試本番。

親子たちが校門を通って校舎に向かっていきます。でも、その先、子どもたちは保護者から離れて、試験会場となる教室へひとり入っていきます。保護者は子どもたちの姿が見えなくなるまで、その背中を見届けます。

この光景そのものに中学受験という構図が凝縮されているとわたしは思うのです。

初見の入試問題と格闘するのも、その合否を受け止めるのも、そして、合格した学校に通うのも子どもたちです。そして、これまで長い歳月をかけて受験勉強に励んできたのも子どもたちです。

あれは何年前のことだったでしょうか。

それまで、真面目にコツコツとがんばってきた女の子。彼女の第一志望校の合格は数値的に厳しいと見られましたが、見事合格を射止めました。彼女が塾に喜びの声を伝えにきたとき、わたしはその子と握手をして、思わずこんなことを口にしたのです。

「この小さな手でよくがんばりました」

握ったその手の小ささにわたしは驚き、そして、そのたくましさに感服したのです。

今日もわたしの塾には、志望校の合格を夢見る小学生たちが、その小さな手を懸命に動かし、一生懸命学んでいます。

周囲の大人たちは、その小さな手を汚さぬよう、中学受験の主役である子どもたちを温かく見守り、その自立をサポートしなくてはいけません。本書を著すことで、わたしはその思いを一層強くしました。

本書『ぼくのかんがえた『さいきょう』の中学受験』は二〇二四年二月一日に刊行されます。この日は東京都と神奈川県の私立中学入試の開幕日です。

そして、わたしはこの日、息子に連れられて、彼が憧れていた学校の入試に付き添っているはずです。試験会場へとひとり向かう彼の背中を見て、わたしはそのときどんなことを思うのでしょうか。

本書の執筆には数多くの人たちのご協力がありました。

まずは、佐藤寛之氏、内田実人氏、大森尚王氏をはじめとするスタジオキャンパスのスタッフたち、そして、わたしがこれまでに指導してきた子どもたち、そして、その保護者の方々に感謝いたします。

次に、本書にご登場をお願いし、コメントを寄せてくださった先生方、SS-1副代表の馬屋原吉博先生、應修会塾長の茂山起龍先生、啓明館東京塾長の本田直人先生、希学園首都圏学園長の山﨑信之亮先生、また、座談会に参加してくださった聖光学院中学校高等学校校長の工藤誠一先生、鷗友学園女子中学高等学校校長の大井正智先生、そして、わたしの古巣である早稲田アカデミーの代表取締役社長の山本豊先生に御礼を申し上げます。

最後に、本書の執筆が難航する筆者を励まし、的確なアドバイスをくださった祥伝社新書編集部の木村圭輔氏に心より謝意を申し上げます。

わが子が「自ら教わり育つたくましい姿勢」を手にできる「最強の中学受験」を経験できるよう、わたしたち大人ができることはたくさんあります。

本書を通読した方が、中学受験に挑むわが子に対する保護者のスタンスについて立ち止まって考える機会にしてくださると、筆者として嬉しく思います。

二〇二四年一月九日

中学受験指導スタジオキャンパス代表／国語専科 博耕房代表　矢野耕平

切りとり線

★読者のみなさまにお願い

この本をお読みになって、どんな感想をお持ちでしょうか。祥伝社のホームページから書評をお送りいただけたら、ありがたく存じます。今後の企画の参考にさせていただきます。また、次ページの原稿用紙を切り取り、左記まで郵送していただいても結構です。

お寄せいただいた書評は、ご了解のうえ新聞・雑誌などを通じて紹介させていただくこともあります。採用の場合は、特製図書カードを差しあげます。

なお、ご記入いただいたお名前、ご住所、ご連絡先等は、書評紹介の事前了解、謝礼のお届け以外の目的で利用することはありません。また、それらの情報を6カ月を越えて保管することもありません。

〒101-8701（お手紙は郵便番号だけで届きます）
祥伝社　新書編集部
電話03（3265）2310
祥伝社ブックレビュー　www.shodensha.co.jp/bookreview

★本書の購買動機（媒体名、あるいは○をつけてください）

＿＿＿新聞の広告を見て	＿＿＿誌の広告を見て	＿＿＿の書評を見て	＿＿＿の Web を見て	書店で見かけて	知人のすすめで

★100字書評……ぼくのかんがえた「さいきょう」の中学受験

名前

住所

年齢

職業

矢野耕平　やの・こうへい

1973年生まれ。中学受験専門塾スタジオキャンパス代表。大手塾に13年間勤めたあと、2007年にスタジオキャンパスを設立、東京・自由が丘と三田の２教場を構える。国語専科 博耕房代表も務める。主な著書に『令和の中学受験　保護者のための参考書』（講談社＋α新書）、『わが子に「ヤバい」と言わせない親の語彙力』（KADOKAWA）、『旧名門校 vs. 新名門校』（SB新書）、『女子御三家　桜蔭・女子学院・雙葉の秘密』（文春新書）、『中学受験で子どもを伸ばす親ダメにする親』（ダイヤモンド社）など。プレジデントオンライン、FRaU、朝日新聞EduAなどにも寄稿。

ぼくのかんがえた「さいきょう」の中学受験《ちゅうがくじゅけん》
――最強《さいきょう》と最凶《さいきょう》の分《わ》かれ道《みち》

矢野耕平《やのこうへい》

2024年２月10日　初版第１刷発行

発行者……………辻 浩明
発行所……………祥伝社《しょうでんしゃ》
〒101-8701　東京都千代田区神田神保町3-3
電話　03(3265)2081(販売部)
電話　03(3265)2310(編集部)
電話　03(3265)3622(業務部)
ホームページ　www.shodensha.co.jp

装丁者……………盛川和洋
印刷所……………萩原印刷
製本所……………ナショナル製本

Printed in Japan ISBN978-4-396-11693-4 C0237

〈祥伝社新書〉
教育・受験

433
なぜ、中高一貫校で子どもは伸びるのか
開成学園の実践例を織り交ぜながら、勉強法、進路選択、親の役割などに言及
東京大学名誉教授
元・開成中学校・高校校長
柳沢幸雄

489
教育費破産
大学生の2人に1人が奨学金だのみの現状。高騰する教育費にどう立ち向かうか？
教育ジャーナリスト
安田賢治

495
なぜ、東大生の3人に1人が公文式なのか？
世界でもっとも有名な学習教室の強さの秘密と意外な弱点とは？
育児・教育ジャーナリスト
おおたとしまさ

589
大学入試改革後の中学受験
大学入試改革による教育の変化と中学入試の要点を解説
おおたとしまさ

519
日比谷高校の奇跡
堕ちた名門校はなぜ復活し、何を教えているのか
東大合格者数・公立高校1位！　復活を遂げた理由がここに！
白梅学園高校校長
元・日比谷高校校長
武内　彰

〈祥伝社新書〉
語学の学習法

312
一生モノの英語勉強法
「理系的」学習システムのすすめ
京大人気教授とカリスマ予備校教師が教える、必ず英語ができるようになる方法
京都大学教授 鎌田浩毅
研伸館講師 吉田明宏

405
一生モノの英語練習帳
最大効率で成果が上がる
短期間で英語力を上げるための実践的アプローチとは？　練習問題を通して解説
鎌田浩毅
吉田明宏

607
日本の古典を英語で読む
『万葉集』『枕草子』『源氏物語』ほか80篇を厳選。英語で深みを味わう
翻訳家、詩人 ピーター・J・マクミラン

426
使える語学力
7カ国語をモノにした実践法
古い学習法を否定。語学の達人が実践した学習法を初公開！
慶應義塾大学講師 橋本陽介

383
名演説で学ぶ英語
リンカーン、サッチャー、ジョブズ……格調高い英語を取り入れよう
青山学院大学准教授 米山明日香

〈祥伝社新書〉
令和・日本を読み解く

541
日本の崩壊
日本政治史と古代ローマ史の泰斗が、この国の未来について語り尽くす
東京大学名誉教授 御厨 貴
東京大学名誉教授 本村凌二

571
三度目の日本
幕末、敗戦、平成を越えて
令和日本はどうあるべきか。多くの著作で予測を的中させた著者の最後の提言
作家・評論家 堺屋太一

570
資本主義と民主主義の終焉
平成の政治と経済を読み解く
歴史的に未知の領域に入ろうとしている現在の日本。両名の主張に刮目せよ
法政大学教授 水野和夫
法政大学教授 山口二郎

637
異形の政権
菅義偉の正体
菅政権とは何だったのか——。メディアが報じなかった実像に迫る！
作家・元外務省主任分析官 佐藤 優
山口二郎

652
2030年の東京
『未来の年表』著者と『空き家問題』著者が徹底対談。近未来を可視化する！
作家、ジャーナリスト 河合雅司
不動産プロデューサー 牧野知弘